ENSAIO GERAL

O que é, afinal,
Estudos Culturais?

Créditos

Richard Johnson. "What is cultural studies anyway?". *Social Text*, 16, 1986-87: pp. 38-80. (Publicado aqui com a autorização do autor).

Ana Carolina Escosteguy. "Uma introdução aos Estudos Culturais". *FAMECOS – Mídia, cultura e tecnologia*, 9, 1998. (Publicado aqui com a autorização da autora).

Norma Schulman. "Conditions of their Own Making: An Intellectual History of the Centre for Contemporary Cultural Studies at the University of Birmingham". *Canadian Journal of Communications*, 18(1), 1993. (Internet: http://www.cjc-online.ca/BackIssues/18.1/schulman.html). (Publicado aqui com a autorização da revista).

Richard Johnson
Ana Carolina Escosteguy
Norma Schulman

O que é, afinal, Estudos Culturais?

Organização e traduções:
Tomaz Tadeu da Silva

5ª edição

autêntica

Copyright © Tomaz Tadeu da Silva
Copyright © Autêntica Editora

Todos os direitos reservados pela Autêntica Editora. Nenhuma parte desta publicação poderá ser reproduzida, seja por meios mecânicos, eletrônicos, seja via cópia xerográfica, sem a autorização prévia da Editora.

EDITORA RESPONSÁVEL
Rejane Dias

CAPA
Jairo Alvarenga Fonseca, composição sobre fotografias de duas esculturas, em resina patinada, de Gloria Corbetta, partes de sua mostra Grandes figuras. Fotografias da artista.

DIAGRAMAÇÃO
Jairo Alvarenga Fonseca
Christiane Morais de Oliveira

REVISÃO
Rosemara Dias

Q3
    O que é, afinal, Estudos Culturais? / organização e tradução de Tomaz Tadeu da Silva. – 5. ed. – Belo Horizonte: Autêntica Editora, 2014.

    160 p. (Ensaio Geral, 5)

    ISBN 978-85-86583-56-8

    1. Filosofia. 2. Filosofia da cultura. 1. Título.

                                        CDU 1
                                        130.2

GRUPO AUTÊNTICA

Belo Horizonte
Rua Aimorés, 981, 8º andar .
Funcionários
30140-071 . Belo Horizonte . MG
Tel.: (55 31) 3214 5700

Televendas: 0800 283 13 22
www.grupoautentica.com.br

São Paulo
Av. Paulista, 2.073, Conjunto Nacional,
Horsa I . 23º andar, Conj. 2301 .
Cerqueira César . 01311-940 .
São Paulo . SP
Tel.: (55 11) 3034 4468

7 O que é, afinal, Estudos Culturais?
Richard Johnson

133 Estudos Culturais: uma introdução
Ana Carolina Escosteguy

167 O *Centre for Contemporary Cultural Studies* da Universidade de Birmingham: uma história intelectual
Norma Schulman

225 Estudos Culturais (britânicos): uma cronologia

227 Estudos Culturais: uma bibliografia

231 Estudos Culturais: sites selecionados na Internet

233 As autoras, os autores

235 A artista

O que é, afinal, Estudos Culturais?

Richard Johnson

Os Estudos Culturais são, agora, um movimento ou uma rede: eles têm seus próprios cursos em diversas universidades bem como seus próprios periódicos e encontros acadêmicos. Eles exercem uma grande influência sobre as disciplinas acadêmicas, especialmente sobre os Estudos Literários, a Sociologia, os Estudos de Mídia e Comunicação, a Linguística e a História. Na primeira parte desse ensaio[1] discutirei alguns dos argumentos a favor e contra a codificação acadêmica dos Estudos Culturais. Para colocar a questão de uma forma mais direta: deveriam os Estudos Culturais aspirar a ser uma disciplina acadêmica? Na segunda parte, examinarei algumas das estratégias de definição dos Estudos Culturais, porque grande parte da discussão depende, penso, do tipo de unidade ou coerência que buscamos. Finalmente, apresentarei algumas das minhas definições e argumentos preferidos.

---

[1] Este ensaio é uma versão revista e ampliada de palestras dadas no Departamento de Língua Inglesa do *Instituto Universitario Orientale* de Nápoles e na Universidade de Palermo, em abril de 1983. Sou grato aos colegas em Nápoles, Pescara e Bari pelas produtivas discussões em torno dos temas aqui levantados. Ao revisar o ensaio, tentei responder a alguns dos comentários, especialmente aqueles sobre consciência e inconsciência. Sou grato a Lidia Curti, Laura di Michele e Marina Vitale pelo estímulo à produção deste ensaio e pelas sugestões; ao Conselho Britânico por financiar minha visita; e aos amigos e estudantes (categorias não mutuamente exclusivas) de Birmingham por terem suportado as muitas e diferentes versões do "circuito".

A importância da crítica

A codificação de métodos ou de conhecimentos (instituindo-os, por exemplo, nos currículos formais ou nos cursos de "metodologia") vai contra algumas das principais características dos Estudos Culturais: sua abertura e versatilidade teórica, seu espírito reflexivo e, especialmente, a importância da crítica. Utilizo "crítica", aqui, no seu sentido mais amplo: não a crítica no sentido negativo, mas a crítica como o conjunto dos procedimentos pelos quais outras tradições são abordadas tanto pelo que elas podem contribuir quanto pelo que elas podem inibir. A crítica apropria-se dos elementos mais úteis, rejeitando o resto. Deste ponto de vista, os Estudos Culturais são um processo, uma espécie de alquimia para produzir conhecimento útil: qualquer tentativa de codificá-los pode paralisar suas reações.

Na história dos Estudos Culturais, os primeiros encontros foram com a crítica literária. Raymond Williams e Richard Hoggart, de modos diferentes, desenvolveram a ênfase leavisiana na avaliação lítero-social, mas deslocaram-na da literatura para a vida cotidiana.[2] Ocorreu um processo similar de apropriação relativamente à disciplina de História. O momento mais importante, aqui, foi o desenvolvimento das tradições de História Social, no pós-guerra, com seu foco na cultura popular ou na cultura do povo, especialmente sob suas formas políticas. Foi fundamental, neste caso, o grupo de historiadores do Partido Comunista, com seu projeto — dos anos 40 e início dos anos 50 — de historicizar o velho marxismo, adaptando-o, ao mesmo tempo, à situação britânica. Essa influência foi, de certa forma, paradoxal, pois os historiadores estavam menos preocupados com a cultura contemporânea ou mesmo com o

---

[2] Os textos importantes são HOGGART, 1958; WILLIAMS, 1958; WILLIAMS, 1961.

século XX, colocando suas energias, em vez disso, numa compreensão da longa transição britânica do feudalismo para o capitalismo, bem como nas lutas populares e nas tradições de dissidência associadas com essa transição. Foi este trabalho que se tornou a segunda matriz dos Estudos Culturais.

A crítica ao velho marxismo era central tanto nas vertentes literárias quanto nas vertentes históricas. A recuperação dos "valores" — feita contra o estalinismo — foi um impulso importante na primeira "Nova Esquerda", mas a crítica do economicismo foi o tema contínuo que acompanhou toda a "crise do marxismo" que se seguiu. Os Estudos Culturais foram, certamente, formados no lado de cá daquilo que podemos chamar, paradoxalmente, de "revival marxista moderno", e nos empréstimos internacionais que foram, de forma notável, uma marca dos anos 70. É importante observar que, em diferentes países, as mesmas figuras ocuparam lugares diferentes simplesmente porque as rotas nacionais eram diferentes. A adoção do althusserianismo, por exemplo, é incompreensível fora do pano de fundo do empiricismo dominante das tradições intelectuais britânicas. Esta característica ajuda a explicar a atração pela Filosofia não como uma busca teórica, mas como um racionalismo generalizado e uma atração por ideias abstratas.[3] De forma similar, é importante observar o modo como Gramsci, cultivado como uma ortodoxia na Itália, foi apropriado por nós como uma figura crítica, heterodoxa. Ele representou um importante reforço para um projeto de Estudos Culturais que, nos anos 70, já estava parcialmente formado.[4]

---

[3] Para um sumário ainda útil das respostas do Centre for Contemporary Cultural Studies (CCCS) a Althusser, veja McLENNAN, MOLINA and PETERS, 1978.

[4] Veja, por exemplo, HALL, LUMLEY e McLENNAN, 1978. Mas as teorizações de Gramsci são uma presença importante em grande parte do trabalho empírico do Centro a partir da metade dos anos 70.

Há longas discussões sobre quem — no âmbito dos Estudos Culturais — continua ou não marxista. É mais interessante, entretanto, analisar quais são, especificamente, as influências de Marx sobre os Estudos Culturais. Cada um de nós tem sua própria lista de influências. A minha, que não pretende estabelecer uma ortodoxia, inclui três premissas principais. A primeira é que os processos culturais estão intimamente vinculados com as relações sociais, especialmente com as relações e as formações de classe, com as divisões sexuais, com a estruturação racial das relações sociais e com as opressões de idade. A segunda é que cultura envolve poder, contribuindo para produzir assimetrias nas capacidades dos indivíduos e dos grupos sociais para definir e satisfazer suas necessidades. E a terceira, que se deduz das outras duas, é que a cultura não é um campo autônomo nem externamente determinado, mas um local de diferenças e de lutas sociais. Isto, de forma alguma, esgota os elementos do marxismo que, nas circunstâncias existentes, continuam ativos, vivos e valiosos, sob a condição, apenas, de que também eles sejam criticados e trabalhados em estudos detalhados.

Outras críticas têm sido distintamente filosóficas. Os Estudos Culturais têm se destacado, no contexto britânico, por sua preocupação com a "teoria", mas o grau de conexão com a Filosofia não tem sido óbvio. Existe, contudo, um parentesco bastante próximo entre problemas e posições epistemológicas (por exemplo, empirismo, realismo e idealismo) e as questões-chave da "teoria cultural" (por exemplo, economicismo, materialismo ou o problema dos efeitos específicos da cultura). De novo, para mim, muitos dos caminhos levam de volta a Marx, mas as apropriações precisam ser mais amplas. Tem havido, ultimamente, tentativas de se ir além da oposição bastante estéril entre racionalismo e empirismo, em busca de uma formulação mais produtiva da relação entre teoria (ou "abstração", como eu prefiro, agora dizer) e "estudos concretos".⁵

Mais importantes, em nossa história recente, têm sido as críticas advindas do movimento das mulheres e das lutas contra o racismo.⁶ Esses movimentos e lutas têm aprofundado e ampliado os compromissos democráticos e socialistas que foram os princípios importantes da primeira "Nova Esquerda". Se o pessoal era já político na primeira fase da Campanha para o Desarmamento Nuclear, ele era estranhamente desligado da questão do gênero. As fundações democráticas desses movimentos iniciais estavam, portanto, baseadas, de forma insegura, em uma nova forma de política. De modo similar, havia (e há) problemas importantes relacionados ao etnocentrismo ou ao anglocentrismo dos textos e dos temas-chave de nossa tradição.⁷ A predominância, na Grã-Bretanha atual, de uma política conservadora, nacionalista e racista, torna esses efeitos ainda mais sérios. É incorreto, portanto, ver o feminismo ou o antirracismo como alguma espécie de interrupção ou desvio relativamente a uma política original de classe ou ao programa de pesquisa associado a essa política. Pelo contrário, foram esses movimentos que fizeram com que a "Nova Esquerda" fosse "Nova"!

Os resultados específicos disso tudo para os Estudos Culturais não têm sido menos importantes.⁸ Há muito

---

⁵ Veja McLENNAN, 1982; JOHNSON, 1982.

⁶ É difícil de representar isto bibliograficamente, mas os pontos principais estão assinalados em CCCS Women's Study Group, 1978; CCCS, 1982. Veja também as séries sobre mulheres e raça nos ensaios mimeografados do CCCS.

⁷ Esta não é uma crítica nova, mas ela ganhou força renovada por causa da importância da raça nos anos 70. Veja Gilroy, 198

⁸ Alguns deles, em um estágio inicial, são discutidos em CCCS Women's Study Group, 1978, mas há a necessidade de uma discussão realmente plena e consolidada das transformações nos Estudos Culturais advindas do trabalho e da crítica feministas. Veja também McRobbie, 1980 e os artigos de Hazel Carby e Pratibha Parmar em CCCS, 1982.

mais coisas envolvidas do que a questão original: "e as mulheres?". O feminismo tem influenciado formas cotidianas de se trabalhar e tem contribuído para um maior reconhecimento da compreensão de que resultados produtivos dependem de relações baseadas em um apoio mútuo. Ele tem tornado visíveis algumas das premissas não reconhecidas do trabalho intelectual de esquerda, bem como os interesses masculinos que o têm sustentado. Ele tem produzido novos objetos de estudo, obrigando-nos, além disso, a reformular velhos objetos. Nos estudos de mídia, por exemplo, ele tem deslocado a atenção do gênero "masculino" de notícias para a importância do "entretenimento leve". Ele tem contribuído para um deslocamento mais geral: da crítica anterior, baseada na noção de ideologia, para abordagens que se centram nas identidades sociais, nas subjetividades, na popularidade e no prazer. As feministas parecem ter também contribuído, de forma particular, para diminuir a divisão entre as chamadas Humanidades e as Ciências Sociais, ao fazer com que categorias literárias e preocupações estéticas sejam relacionadas com questões sociais.

Espero que esses exemplos tenham servido para mostrar o papel central que a crítica tem exercido, bem como sua conexão com causas políticas — em seu sentido mais amplo. Segue-se uma série de questões. Se nossos avanços se deram através da crítica, não existe o risco de que as tentativas de codificação acarretem um fechamento sistemático? Se o impulso é o de lutar por um conhecimento realmente útil, será que a codificação acadêmica contribuirá para isso? A prioridade não seria se tornar mais "popular" em vez de mais acadêmico? Essas questões ganham uma força adicional a partir de contextos imediatos. Os Estudos Culturais são agora uma matéria amplamente ensinada e, portanto, a menos que sejamos muito cuidadosos, os estudantes irão encontrá-los como uma ortodoxia. Nessas circunstâncias, pode-se perguntar:

como esses estudantes ocuparão, culturalmente, uma tradição crítica como esta?

Isto é reforçado por aquilo que nós sabemos — ou estamos aprendendo — sobre as disposições acadêmicas e outras disposições disciplinares de conhecimento. O reconhecimento das formas de poder associadas ao conhecimento pode se mostrar uma das compreensões mais importantes dos anos 70. Trata-se de uma temática muito geral: ela aparece nos trabalhos de Pierre Bourdieu e de Michael Foucault, nas críticas da ciência ou do cientificismo feitas pelos filósofos e pelos cientistas radicais, na Filosofia, na Sociologia e nas críticas feministas das formas acadêmicas dominantes. Tem havido uma mudança sensível: da afirmação singular da ciência, no início dos anos 70 (com Althusser como a figura principal), para a dissolução — no momento presente — dessas certezas (com Foucault como um ponto de referência). As formas acadêmicas de conhecimento (ou alguns aspectos delas) parecem ser, agora, parte do problema e não da solução. Na verdade, o problema continua o mesmo de sempre: o que se pode aproveitar dos interesses e dos saberes acadêmicos para se obter elementos de conhecimento útil?

Pressões por uma definição

Existem, entretanto, importantes pressões para que se defina o que é Estudos Culturais. Existe a política miúda e cotidiana da Universidade — não tão miúda, uma vez que estão envolvidos aí empregos, recursos e oportunidades de trabalho útil. Os Estudos Culturais têm conquistado, aqui, espaços reais, os quais têm que ser mantidos e ampliados. O contexto da política mais ampla torna isso ainda mais importante. Temos também, na Inglaterra e nos Estados Unidos, uma ampla reforma conservadora. Uma manifestação disso é dada pelo violento assalto contra as instituições educacionais públicas, tanto através do corte de financiamentos, quanto através da redefinição — em termos estritamente capitalistas — do significado de "utilidade". Precisamos de definições dos Estudos Culturais a fim de poder lutar de forma eficaz nesses contextos, de argumentar em favor de recursos, clarificar nossas mentes na correria e na confusão do trabalho cotidiano e de estabelecer prioridades para o ensino e para a pesquisa.

De forma talvez mais decisiva, precisamos de perspectivas que nos permitam ver um campo vigoroso mas fragmentado — como os Estudos Culturais — se não como uma "unidade" ao menos como um "todo". Se não discutirmos as direções centrais por nossa própria iniciativa, seremos puxados para lá e para cá pelas demandas da produção universitária e pelas disciplinas acadêmicas a partir das quais nosso campo, em parte, se desenvolveu. As perspectivas acadêmicas tendem, pois, a ser reproduzidas sobre um novo terreno: existem versões distintivamente literárias e versões distintivamente sociológicas ou históricas dos Estudos Culturais, exatamente da mesma forma que existem abordagens que se distinguem por sua parcialidade teórica. Isto não teria importância se uma disciplina ou problemática única pudesse apreender os objetos da cultura como um todo, mas este não é, na minha opinião, o caso. Cada abordagem revela um pequeno aspecto da cultura. Se este argumento estiver correto, nós precisamos, então, de um tipo particular de estratégia de definição: uma estratégia que revise as abordagens existentes, identificando seus objetos característicos e a abrangência de sua competência, mas também os seus limites. Na verdade, não é de uma definição ou de uma codificação que nós precisamos, mas de "sinalizadores" de novas transformações. Não se trata de uma questão de agregar novos elementos às abordagens existentes (um pouco de Sociologia aqui, um tanto de Linguística acolá), mas de retomar os elementos das diferentes abordagens em suas relações mútuas.

Estratégias de definição

Há diversos e diferentes pontos de partida. Os Estudos Culturais podem ser definidos como uma tradição intelectual e política; ou em suas relações com as disciplinas acadêmicas; ou em termos de paradigmas teóricos; ou, ainda, por seus objetos característicos de estudo. O último ponto de partida é o que mais me interessa. Mas devo dizer, primeiramente, uma palavra sobre os outros.

Precisamos de histórias dos Estudos Culturais que analisem os dilemas recorrentes e deem perspectiva a nossos projetos atuais. Mas a ideia de "tradição" também funciona de um modo mais "mítico", para produzir uma identidade coletiva e um sentimento partilhado de propósito. Para mim, boa parte das fortes continuidades da tradição dos Estudos Culturais está contida no termo singular "cultura", que continua útil não como uma categoria rigorosa, mas como uma espécie de síntese de uma história. Ele tem como referência, em particular, o esforço para retirar o estudo da cultura do domínio pouco igualitário e democrático das formas de julgamento e avaliação que, plantadas no terreno da "alta" cultura, lançam um olhar de condescendência para a não cultura das massas. Há por detrás dessa redefinição intelectual um padrão "político" algo menos consistente, uma continuidade que vai desde a primeira "Nova Esquerda" e a primeira Campanha para o Desarmamento Nuclear, até aos eventos do pós-1968. Tem havido, naturalmente, evidentes antagonismos políticos no interior da "Nova Esquerda" bem como entre a política da "Nova Esquerda" e as tendências intelectuais que ela produziu. Os desvios intelectuais de rota têm, com frequência, parecido politicamente autoindulgentes. O que une esta sequência, entretanto, é a luta para reformar a política da "Velha Esquerda". Isto inclui a crítica ao velho marxismo, mas também à velha social-democracia, envolvendo um conflito construtivo com os estilos dominantes no interior do Movimento Trabalhista, especialmente a negligência relativamente às condições culturais da política bem como um estreitamento mecânico da própria política.

Este sentimento de uma conexão entre o trabalho intelectual e o trabalho político tem sido importante para os Estudos Culturais. Significa que a pesquisa e a escrita têm sido políticas, mas não em qualquer sentido pragmático imediato. Os Estudos Culturais não constituem um programa de pesquisa vinculado a um partido ou a uma tendência particular. Eles tampouco subordinam as energias intelectuais a qualquer doutrina estabelecida. Este posicionamento político-intelectual é possível porque a política que buscamos criar não está ainda plenamente formada. Pois, exatamente da mesma forma que a política envolve uma longa jornada, assim também a pesquisa deve ser tão abrangente e tão profunda — mas também tão politicamente orientada — quanto nós a pudermos tornar. Temos que lutar, sobretudo, talvez, contra a falta de conexão que ocorre quando os Estudos Culturais são dominados por propósitos meramente acadêmicos ou quando o entusiasmo pelas formas culturais populares é divorciado da análise do poder e das possibilidades sociais.

Já disse bastante coisas sobre a segunda estratégia de definição, aquela que consiste em mapear nossa relação negativa ou positiva para com as disciplinas acadêmicas. Os processos culturais não correspondem aos contornos do conhecimento acadêmico na forma como ele existe. Nenhuma disciplina acadêmica é capaz de apreender a plena complexidade (ou seriedade) da análise. Os Estudos Culturais devem ser interdisciplinares (e algumas vezes antidisciplinares) em sua tendência. Acho difícil, por exemplo, pensar em mim mesmo como sendo um historiador, embora descrever-me, talvez, como "historiador do contemporâneo" constitua, em alguns contextos, uma boa aproximação. Algumas virtudes do historiador parecem úteis, entretanto, para os Estudos Culturais — as preocupações com o movimento, com a particularidade, com a complexidade e o contexto, por exemplo. Ainda gosto daquela combinação de descrição densa, explicação complexa e evocação subjetiva (ou até mesmo romântica) que é o que de melhor existe na escrita histórica. Ainda considero a maior parte das descrições sociológicas pouco densas e muito óbvias e grande parte do discurso literário inteligente mas superficial! Por outro lado, o enraizado empiricismo da prática histórica é uma desvantagem real — ele bloqueia uma leitura propriamente cultural. Estou certo de que o mesmo vale para outras disciplinas.

Nossa terceira estratégia de definição a análise e comparação de problemáticas teóricas — foi, até recentemente, a estratégia favorita.[9] Ainda vejo isso como um componente essencial de toda análise cultural, mas sua dificuldade principal é que as formas abstratas de discurso desvinculam as ideias das complexidades sociais que as produziram ou às quais elas, originalmente, se referiam. A menos que as problemáticas teóricas sejam continuamente reconstruídas e mantidas na mente como um ponto de referência, a clarificação teórica acaba por adquirir um impulso independente. Em situações de ensino ou em trocas similares, o discurso teórico parece ser, para quem ouve, uma forma de ginástica intelectual. A ideia parece ser a de aprender uma nova linguagem: é preciso tempo e muito esforço só para se sentir à vontade com ela. Existe, neste meio tempo, algo bastante silenciador e, talvez, opressivo, nas novas formas de discurso. Penso que esta tem sido uma experiência bastante comum para os estudantes, mesmo onde, eventualmente, a "teoria" tem proporcionado novos poderes de

---

[9] Veja, por exemplo, HALL, 1978; HALL, 1980; HALL, HOBSON, LOWE e WILLIS, 1980. Estes ensaios são versões bastante abreviadas do curso sobre Teoria dado por Stuart Hall no CCCS, centrado num mapeamento teórico abrangente do campo. Veja também minhas próprias tentativas de clarificação teórica, bastante influenciadas pelas de Stuart, especialmente em Clark, Critcher e Johnson, 1979.

compreensão e articulação. Estas são algumas das razões pelas quais muitos de nós achamos melhor, agora, partir de casos concretos, seja para — historicamente — ensinar a teoria como uma discussão contínua e contextualizada sobre questões culturais, seja para fazer conexões entre argumentos teóricos e experiências contemporâneas.

Isso me leva à minha estratégia preferida de definição. As questões-chave são: qual é o objeto característico dos Estudos Culturais? Os Estudos Culturais dizem respeito a quê?

Abstrações simples: consciência, subjetividade

Já sugeri que o termo "cultura" tem valor como um lembrete mas não como uma categoria precisa; Raymond Williams tem explorado seu imenso repertório histórico.[10] Não existe nenhuma solução para essa polissemia: trata-se de uma ilusão racionalista pensar que nós possamos dizer "de agora em diante esse termo significará..." e esperar que toda uma história de conotações (para não dizer todo um futuro) se coloque obedientemente em fila. Assim, embora eu levante, de qualquer forma, a bandeira da cultura e continue a usar a palavra onde a imprecisão tem importância, quando se trata de definição busco outros termos.

Meus termos-chave são, em vez disso, "consciência" e "subjetividade". Os problemas centrais estão, agora, situados em algum ponto entre os dois termos. Para mim, os Estudos Culturais dizem respeito às formas históricas da consciência ou da subjetividade, ou às formas subjetivas pelas quais nós vivemos ou, ainda, em uma síntese bastante perigosa, talvez uma redução, os Estudos Culturais dizem respeito ao lado subjetivo das relações sociais. Estas definições adotam algumas das abstrações simples de Marx, mas também as utilizam de acordo com sua

---

[10] WILLIAMS, 1958; 1976.

ressonância contemporânea. Penso na consciência, em primeiro lugar, no sentido no qual ela aparece em *A ideologia alemã*. Como uma (quinta) premissa para compreender a história humana, Marx e Engels acrescentam que os seres humanos "também possuem consciência". Este uso ecoa também em trabalhos posteriores. Marx refere-se, implicitamente, à consciência quando, em *O Capital*, volume 1, ele distingue o pior arquiteto da melhor abelha pelo fato de que o produto do arquiteto "existiu idealmente" antes de ter sido produzido. Ele existiu na consciência, na imaginação. Em outras palavras, os seres humanos são caracterizados por uma vida ideal ou imaginária, na qual a vontade é cultivada, os sonhos são sonhados e as categorias elaboradas. Em seus *Manuscritos de 1844*, Marx viu a consciência como uma característica do "ser da espécie". Mais tarde, ele a chamaria de uma categoria "genérico-histórica, verdadeira para toda a história, uma abstração simples ou universal". Embora o uso seja, aqui, menos claro, Marx habitualmente também se refere ao "lado subjetivo" ou ao "aspecto subjetivo" dos processos sociais.[11]

No discurso marxista (estou menos seguro se também em Marx), a consciência tem conotações avassaladoramente cognitivas: ela tem a ver com o conhecimento (correto?) dos níveis sociais e naturais. Penso que a "consciência" de Marx era mais ampla que isto! Ela abrangia a noção de uma consciência do eu, bem como uma "autoprodução moral" e mental ativa. Não existe qualquer dúvida, entretanto, de que ele estava especialmente interessado no conhecimento conceitualmente organizado, especialmente em suas discussões de formas ideológicas particulares (por exemplo, a economia política, o idealismo hegeliano, etc). Em seu mais interessante texto

---

[11] Para uma discussão da abstração "histórico-geral" em Marx, veja JOHNSON, 1982.

sobre o caráter do pensamento (a introdução de 1857 aos *Grundrisse*), ele destacou outros modos de consciência: o estético, o religioso, etc.

O conceito de "subjetividade" é, aqui, especialmente importante, desafiando as ausências na consciência. Ele inclui a possibilidade, por exemplo, de que alguns elementos estejam subjetivamente ativos — eles nos "mobilizam" — sem serem conscientemente conhecidos. Ele focaliza elementos atribuídos (na distinção convencional e enganadora) à vida estética ou emocional e aos códigos convencionalmente "femininos". Ele destaca o "quem eu sou" ou, de forma igualmente importante, o "quem nós somos" da cultura, destacando também as identidades individuais e coletivas. Ele faz uma conexão com um dos *insights* estruturalistas mais importantes: que a subjetividade não é dada, mas produzida, constituindo, portanto, o objeto da análise e não sua premissa ou seu ponto de partida.

Em minhas próprias análises sobre os Estudos Culturais, a noção de "formas" é recorrente. Subjazem a esse uso duas influências principais. Marx usa continuamente os termos "formas" ou "formas sociais" ou " formas históricas" quando está examinando em *O Capital* (mais especialmente nos *Grundrisse*) os vários momentos da circulação econômica: ele analisa a forma dinheiro, a forma mercadoria, a forma do trabalho abstrato, etc. De modo menos frequente, ele usou a mesma linguagem ao escrever sobre a consciência ou a subjetividade. O exemplo mais famoso é o Prefácio de 1859:

> uma distinção deve sempre ser feita entre a transformação material das condições econômicas de produção — que podem ser determinadas com a precisão das Ciências Naturais — e as "formas" legais, políticas, religiosas, estéticas ou filosóficas, em suma, ideológicas, pelas quais os homens se tornam conscientes desse conflito e lutam contra ele.

O que me interessa nessa passagem é a implicação de um projeto paralelo ao projeto do próprio Marx, mas diferente dele. Sua preocupação era com aquelas formas sociais através das quais os seres humanos produzem e reproduzem sua vida material. Ele abstraiu, analisou e, algumas vezes, reconstituiu em descrições mais concretas, as formas e tendências econômicas da vida social. Parece-me que os Estudos Culturais também estão preocupados com sociedades inteiras (ou formações sociais mais amplas) e como elas se movimentam. Mas eles examinam os processos sociais a partir de um outro ponto de vista. "Nosso" projeto é o de abstrair, descrever e reconstituir, em estudos concretos, as formas através das quais os seres humanos "vivem", tornam-se conscientes e se sustentam subjetivamente.

A ênfase nas formas é reforçada por alguns *insights* estruturalistas amplos. Eles têm ressaltado o caráter estruturado das formas que subjetivamente ocupamos: a linguagem, os signos, as ideologias, os discursos, os mitos. Eles têm apontado para as regularidades e para os princípios de organização — ou, se quisermos, para aquelas coisas que fazem com que haja uma "forma". Embora com frequência enunciados em nível demasiadamente alto de abstração (por exemplo, a linguagem em geral, em vez da linguagem em particular), eles têm fortalecido nossa sensibilidade sobre a dureza, o caráter determinado e, na verdade, sobre a existência real de formas sociais que exercem suas pressões através do lado subjetivo da vida social. Isto não significa dizer que a descrição da forma, neste sentido, é suficiente. É também importante ver a natureza histórica das formas subjetivas. "Histórica", neste contexto, significa duas coisas bastante diferentes. Em primeiro lugar, precisamos examinar as formas de subjetividade do ponto de vista de suas pressões ou tendências, especialmente seus lados contraditórios. Em outras palavras, mesmo na análise abstrata, devemos examinar os princípios do movimento tanto quanto sua combinação. Em segundo lugar, precisamos de histórias das formas de subjetividade nas quais nós possamos ver como as tendências são modificadas pelas outras determinações sociais, incluindo aquelas que estão em ação através das necessidades materiais.

Tão logo colocamos isto como um projeto, vemos como as abstrações simples que usamos até agora não nos levam muito longe. Onde estão todas as categorias intermediárias que nos permitiriam começar a especificar as formas sociais subjetivas e os diferentes momentos de sua existência? Dada nossa definição de cultura, não podemos limitar o campo a práticas especializadas, a gêneros particulares ou a atividades populares de lazer. "Todas as práticas" sociais podem ser examinadas de um ponto de vista cultural, podem ser examinadas pelo trabalho que elas fazem — subjetivamente. Isto vale, por exemplo, para o trabalho fabril, para organizações sindicais, para a vida nos — e em torno dos — supermercados, assim como para alvos óbvios, como "a mídia" (unidade enganadora?) e seus modos (principalmente domésticos) de consumo.

Circuitos de capital — circuitos de cultura?

Precisamos, assim, em primeiro lugar, de um modelo muito mais complexo, com ricas categorias intermediárias, mais estratificadas dos que as teorias gerais existentes. É aqui que considero útil formular uma espécie de hipótese realista sobre o estado existente das teorias. Que tal se as teorias existentes — e os modos de pesquisa com elas associados — realmente expressassem diferentes lados do mesmo e complexo processo? Que tal se elas fossem todas verdadeiras, mas apenas até certo ponto, verdadeiras para aquelas partes do processo que elas têm mais claramente em vista? Que tal se elas fossem todas falsas ou incompletas, sujeitas a enganar, na medida em que elas são apenas parciais e não podem, portanto, apreender o processo como um todo? Que tal se esforços para ampliar esta competência (sem modificar a teoria) levassem a conclusões (ideológicas?) realmente grosseiras e perigosas?

Não espero uma concordância imediata com as premissas epistemológicas deste argumento, mas espero que ele seja julgado à luz de seus resultados. Seu mérito imediato, entretanto, está no fato de que ajuda a explicar uma das características-chave dos Estudos Culturais: as fragmentações teóricas e disciplinares já observadas. Estas poderiam, naturalmente, ser explicadas pelas diferenças políticas também já discutidas, especialmente as divisões intelectuais e acadêmicas de trabalho e a reprodução social de formas especializadas de capital cultural. Penso, entretanto, que pode ser mais satisfatório relacionar essas diferenças manifestas aos próprios processos que elas buscam descrever. Talvez as divisões acadêmicas também correspondam a posições sociais e pontos de vista bastante diferentes a partir dos quais diferentes aspectos dos circuitos culturais adquirem uma maior saliência. Isto explicaria não simplesmente o fato da existência de diferentes teorias, mas a recorrência e a persistência das diferenças, especialmente entre "blocos" amplos de abordagens com certas afinidades.

A melhor maneira de fazer avançar este argumento seria arriscando alguma descrição provisória de diferentes aspectos ou momentos dos processos culturais, aos quais poderíamos, então, relacionar as diferentes problemáticas teóricas. Um tal modelo não poderia ser uma abstração ou uma teoria acabada, se é que tal coisa existe. Seu valor teria que ser heurístico ou ilustrativo. Ele poderia ajudar a explicar por que as teorias diferem, mas não constituiria, em si mesmo, a abordagem ideal. Ele poderia, na melhor da hipóteses, servir como um guia que apontasse quais seriam as orientações desejáveis de abordagens futuras ou de que forma elas poderiam ser modificadas ou combinadas. É importante ter essas advertências em mente naquilo que se segue. Acho que é mais fácil (na tradição dos Estudos Culturais do Centre for Contemporary Cultural Studies — CCCS) apresentar um modelo de forma diagramática. O diagrama tem o objetivo de representar o circuito da produção, circulação e consumo dos produtos culturais. Cada quadro representa um momento nesse circuito. Cada momento depende dos outros e é indispensável para o todo. Cada um deles, entretanto, é distinto e envolve mudanças características de forma. Segue-se que se estamos colocados em um ponto do circuito, não vemos, necessariamente, o que está acontecendo nos outros. As formas que têm mais importância para nós, em um determinado ponto, podem parecer bastante diferentes para outras pessoas, localizadas em outro ponto. Além disso, os processos desaparecem nos produtos.[12] Todos os produtos culturais, por exemplo, exigem ser produzidos, mas as condições de sua produção não podem ser inferidas simplesmente examinando-os como "textos". De forma similar, os produtos culturais não são "lidos" apenas por analistas profissionais, mas pelo público em geral (se fossem lidos apenas pelos analistas, haveria pouco lucro em sua produção). Por isso, nós não podemos predizer essas leituras a partir de nossa própria análise ou, na verdade, a partir das condições de produção. Como qualquer pessoa sabe, todas as nossas comunicações estão sujeitas a retornarem para nós em termos irreconhecíveis ou, ao menos, transformadas. Frequentemente chamamos isto de *má* compreensão, ou, se quisermos ser bastante acadêmicos, de leituras "equivocadas". Mas esses "equívocos" são tão comuns (ao longo de toda a sociedade) que poderíamos considerá-los normais. Para compreender

---

[12] O diagrama baseia-se, em sua forma *geral*, em uma leitura da descrição que Marx faz do circuito do capital e suas metamorfoses. Para uma importante e original discussão desta e de questões relacionadas, veja MOLINA, 1982. Também importante é HALL, 1980.

as transformações, pois, nós temos que compreender as condições específicas do consumo e da leitura. Estas incluem as simetrias de recursos e de poder — materiais e culturais. Também incluem os *ensembles* existentes de elementos culturais já ativos no interior de *milieux* sociais particulares ("culturas vividas", no diagrama) e as relações sociais das quais essas combinações dependem. Esses reservatórios de discursos e significados constituem, por sua vez, material bruto para uma nova produção cultural. Eles estão, na verdade, entre as *condições* especificamente culturais de produção.

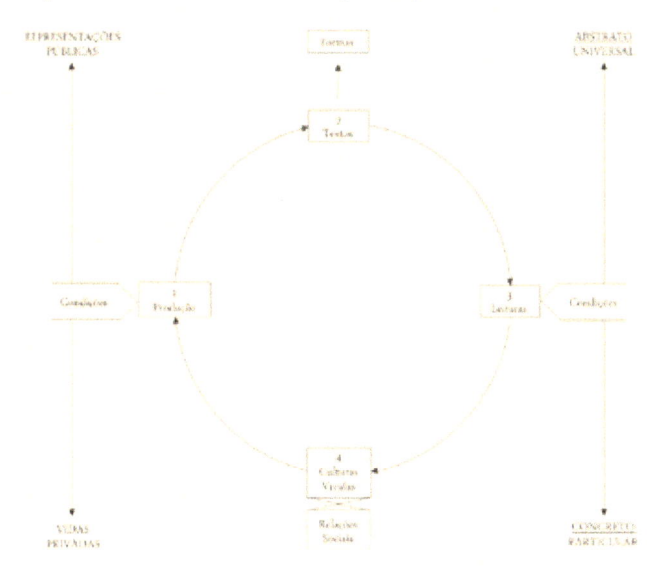

Em nossas sociedades, muitas formas de produção cultural assumem também a forma de mercadorias capitalistas. Neste caso, temos que prever condições especificamente capitalistas de produção (veja a seta apontando para o momento 1) e condições especificamente capitalistas de consumo (veja a seta apontando para o momento 3). Naturalmente, isto não nos diz tudo que temos que saber sobre esses momentos, que podem estar estruturados também de acordo com outros princípios, mas nesses casos o circuito é, a um só tempo, um circuito de capital (e sua reprodução ampliada) e um circuito da produção e circulação de formas subjetivas.

Algumas implicações do circuito podem se tornar mais claras se considerarmos um caso particular. Podemos, por exemplo, tomar o caso do lançamento do carro chamado Mini-Metro. Escolhi o Mini-Metro porque se trata de uma mercadoria capitalista bastante padronizada do final do século XX — uma mercadoria que carrega uma acumulação particularmente rica de significados. O Metro era o carro que iria salvar a indústria automobilística britânica, ao tirar os rivais do mercado e ao resolver os agudos problemas de disciplina trabalhista da British Leyland. Ele era a solução para ameaças nacionais internas. As campanhas de publicidade em torno de seu lançamento foram notáveis. Em um anúncio de televisão, um grupo de Mini-Metros perseguia uma gangue de carros estrangeiros importados até White Cliffs, em Dover, onde eles escapavam naquilo que parecia, de forma notável, uma plataforma terrestre. Isto era Dunquerque em forma inversa, tendo o Metro como herói nacionalista. Essas são, certamente, algumas das formas — o gênero épico-nacionalista, a memória popular da Segunda Guerra, a ameaça interna/externa — que gostaria de abstrair para um exame formal mais detalhado. Mas isto também levanta questões interessantes sobre o que constitui o "texto" (ou o material bruto para este tipo de abstração) nesses casos. Seria suficiente analisar o *design* do próprio Metro como uma vez Barthes analisou as linhas de um Citroën? Poderíamos deixar de fora os anúncios ou as exposições em showrooms? Não deveríamos incluir, na verdade, o lugar do Metro nos discursos sobre a recuperação econômica nacional e sobre o renascimento moral?

Supondo que tenhamos respondido a essas questões afirmativamente (atribuindo-nos uma carga maior de trabalho), haveria ainda algumas questões a serem respondidas. O que foi *feito* do fenômeno Metro, de forma mais privada, por grupos particulares de consumidores e leitores? Poderíamos esperar uma grande diversidade de respostas. Os operários da Leyland, por exemplo, provavelmente veriam o carro de uma forma diferente daquelas pessoas que apenas o compraram. Além disso, o Metro (e seus significados transformados) tornou-se uma forma de chegar ao trabalho ou de apanhar as crianças na escola. Ele também pode ter ajudado a produzir, por exemplo, orientações relativas à vida laboral, vinculando a "paz" nas relações trabalhistas à prosperidade nacional. Depois, naturalmente, os produtos de todo esse circuito retornam, uma vez mais, para o momento da produção (como lucros para novos investimentos), mas também como o resultado das pesquisas de mercado sobre a "popularidade" do produto (os estudos culturais do próprio capital). O uso subsequente, pela administração da British Leyland, de estratégias similares para vender carros e enfraquecer os operários sugere acumulações consideráveis (de ambos os tipos) deste episódio. Na verdade, o Metro tornou-se um pequeno paradigma, embora não o primeiro, para uma forma ideológica muito mais generalizada, a qual nós poderíamos chamar, com alguma síntese, de "comércio nacionalista".

Publicação e abstração

Falei, até aqui, de forma bastante geral, sobre as transformações que ocorrem em torno do circuito, sem especificar qualquer uma delas. Em uma discussão tão breve quanto esta, especificarei duas mudanças — relacionadas — de forma, indicadas nos lados esquerdo e direito do circuito. O circuito envolve movimentos entre o público e o privado, mas também movimentos entre formas mais abstratas e mais concretas. Esses dois polos estão relacionados de forma bastante estreita: as formas privadas são mais concretas e mais particulares em seu escopo de referência; as formas públicas são mais abstratas, mas também têm uma abrangência maior. Isso pode se tornar mais claro se retornarmos ao Metro, e, daí, às diferentes tradições de Estudos Culturais.

Visto apenas como uma ideia de prancheta, como um conceito discutido no âmbito gerencial, o Metro era uma coisa privada.[13] Ele poderia, inclusive, ter sido concebido em segredo. Ele era conhecido apenas por uns poucos escolhidos. Nesse estágio, na verdade, teria sido difícil separá-lo das ocasiões sociais nas quais ele foi discutido: reuniões na sala de planejamento, conversas de bar, jogos de golfe no sábado. Mas à medida em que as ideias eram colocadas no papel, ele começou a adquirir uma forma mais objetiva e mais pública. A virada ocorreu quando se tomou a decisão para ir adiante com "o conceito", "tornando-o público". Finalmente a ideia "Metro", logo seguida pelo carro "Metro", chegou à "luz plena da publicidade". Ela adquiriu uma importância mais geral, reunindo em torno dela, na verdade, algumas noções bem portentosas. Ela se tornou, na verdade, uma grande questão pública ou um símbolo para isso. Ela também tomou forma como um produto real e como um conjunto de textos. Em um sentido óbvio, ela tornou-se "concreta": você podia não apenas chutá-la, mas também dirigi-la. Mas, em outro sentido, este Metro era bastante abstrato. Ali estava ele, no showroom, rodeado por seus textos de britanicidade: uma coisa brilhante, vibrante. Entretanto, como se poderia saber — a partir dessa exposição — quem o teria concebido, como ele foi feito, quem sofreu por ele ou, na verdade, que uso possível ele iria ter para a mulher apressada, com duas crianças a tiracolo, que apenas tinha acabado de entrar no showroom? Para desenvolver

---

[13] Temo que este caso ilustrativo seja, em geral, hipotético, uma vez que não tenho quaisquer contatos dentro da administração da British Leyland. Qualquer semelhança com pessoas vivas ou mortas é simplesmente uma coincidência e um exemplo puro do poder da teoria!

pontos mais gerais, três coisas ocorreram no processo de publicação. Em primeiro lugar, o carro — juntamente com seus textos — tornou-se *público* em um sentido óbvio: ele adquiriu, se não uma importância *universal*, ao menos uma importância mais geral. Suas mensagens também foram generalizadas, percorrendo, de forma bastante livre, toda a superfície social. Em segundo lugar, ao nível do *significado*, a publicação envolveu um processo de *abstração*. O carro e suas mensagens poderiam, agora, ser vistos de forma relativamente isolada das condições sociais que o formaram. Em terceiro lugar, ele foi submetido a um processo de *avaliação* pública (uma grande questão pública) em muitas e diferentes escalas: como instrumento técnico-social, como um símbolo nacional, como um interesse em jogo, como uma guerra de classe, em relação a modelos concorrentes, etc. Ele se tornou um local de lutas intensas em torno do significado. Nesse processo, ele foi forçado a "falar", de forma avaliativa, por "todos nós" (britânicos). Observemos, entretanto, que, no momento de consumo ou leitura, aqui representado pelas mulheres e suas crianças (que têm opiniões decididas sobre carros), nós somos forçados a regressar, outra vez, ao privado, ao particular e ao concreto, não importa quão publicamente tenham sido expostos, para serem lidos, os materiais brutos.

Quero sugerir que, nas condições sociais modernas, esses processos são intrínsecos aos circuitos culturais e que eles são produzidos por *relações de poder*, ao mesmo tempo que as produzem. Mas a evidência mais clara para isso está em algumas repetidas diferenças nas formas de estudo cultural.

Formas de cultura — formas de estudo

Uma grande divisão, teórica e metodológica, percorre todo o campo dos Estudos Culturais. Existe, por um lado, aqueles que insistem que as "culturas" devem ser estudadas como um todo e, *in situ*, localizadas, em seu contexto material. Desconfiados das abstrações e da "teoria", sua teoria prática é, na verdade, "culturalista". Eles são, frequentemente, atraídos por essas formulações em Raymond Williams ou em E. P. Thompson, os quais falam das culturas como formas globais de vida ou como formas globais de luta. Metodologicamente, eles enfatizam a importância de descrições complexas, concretas, que sejam capazes de apreender, particularmente, a unidade ou a homologia das formas culturais e da vida material. Suas preferências são, portanto, por recriações sócio-históricas de culturas ou de movimentos culturais, ou por descrições culturais etnográficas, ou por aqueles tipos de escrita (por exemplo, autobiografia, história oral ou formas realistas de ficção) que sejam capazes de recriar "experiências" socialmente localizadas.

Por outro lado, há aqueles que enfatizam uma independência relativa ou uma autonomia efetiva das formas e dos meios subjetivos de significação. A teoria prática é, aqui, usualmente estruturalista, mas de uma forma que privilegia a construção discursiva de situações e de sujeitos. O método preferido consiste em tratar as formas de um modo abstrato e, algumas vezes, bastante formalista, desvelando os mecanismos pelos quais o significado é produzido na linguagem, na narrativa ou em outros tipos de sistemas de significação. Se o primeiro conjunto de métodos é usualmente derivado de raízes sociológicas, antropológicas ou sócio-históricas, o segundo conjunto filia-se, em grande parte, à crítica literária, especialmente às tradições do modernismo literário e do formalismo linguístico.[14]

---

[14] Trata-se da divisão entre as abordagens "estruturalista" e "culturalista" que Stuart Hall e eu, entre outros, temos discutido, mas agora na forma de "objetos" e métodos e não de "paradigmas". Veja as fontes listadas na nota 9, além de JOHNSON, 1979.

A longo prazo, esta divisão é, em minha opinião, um obstáculo certo para o desenvolvimento dos Estudos Culturais. Mas é importante, primeiramente, observar a lógica dessa divisão em relação ao nosso esboço dos processos culturais como um todo. Se compararmos, com mais detalhes, aquilo que eu chamei de formas públicas e privadas de cultura, a relação poderá ficar mais clara.[15]

Formas privadas não são necessariamente privadas no sentido usual de individual ou pessoal, embora elas possam ser ambas. Elas podem também ser partilhadas, comunais e sociais de um modo que as formas públicas não o são. É sua particularidade e sua concretude que as assinalam como privadas. Elas se relacionam às experiências características de vida e às necessidades historicamente construídas de categorias sociais particulares. Elas não pretendem definir o mundo para aquelas pessoas que estão situadas em outros grupos sociais. Elas são limitadas, locais, modestas. Elas não aspiram à universalidade. Elas estão também profundamente imersas na interação social cotidiana. No curso de suas vidas cotidianas, as mulheres vão às compras e se encontram e discutem suas várias atividades, bem como as atividades de suas famílias e de seus vizinhos. A fofoca é uma forma social privada, profundamente vinculada com as ocasiões e as relações identificadas com a experiência de ser mulher em nossa sociedade. Naturalmente, é *possível* descrever abstratamente as formas discursivas da fofoca, enfatizando, por exemplo, as formas de reciprocidade presentes na fala, mas isto parece causar uma violência particular ao

---

[15] Meu pensamento sobre "o público e o privado" é bastante influenciado por certas tradições germânicas, especialmente as discussões em torno do trabalho de Jürgen Habermas sobre a "esfera pública". Este tema está agora, de forma interessante, sendo utilizado em alguns dos trabalhados feitos nos Estados Unidos. Veja HABERMAS, 1962; NEGT e KLUGE, 1972. Para um extrato do trabalho de Negt e Kluge, veja MATTERLART e SIEGELAUB.

material, removendo-o do contexto imediato e visível no qual esses textos de fala surgiram.

Um caso ainda mais notável é o da cultura operária do chão de fábrica. Como mostrou Paul Willis, existe, aqui, uma relação particularmente estreita entre, de um lado, o ato físico do trabalho e, de outro, as brincadeiras e o senso comum do local de trabalho.[16] A globalidade do modo discursivo dessa cultura consiste em recusar a separação entre a prática manual e a teoria mental que caracteriza as formas públicas e, especialmente, as formas acadêmicas de conhecimento. Em nenhum dos casos — na fofoca e na cultura do chão de fábrica — existe uma divisão marcada de trabalho no processo de produção cultural. Tampouco existem instrumentos técnicos de produção de grande complexidade, embora as formas da fala e os usos simbólicos do corpo humano sejam bastante complexos. Tampouco são os consumidores de formas culturais formalmente ou regularmente diferenciados de seus produtores, ou demasiadamente distanciados deles no tempo ou no espaço.

Eu argumentaria que se têm desenvolvido modos particulares de investigação e de representação para lidar com essas características das formas privadas. Os pesquisadores e os analistas têm ajustado seus métodos àquelas características da cultura que parecem ser as mais evidentes neste momento. Eles têm procurado reunir os momentos subjetivos e os mais objetivos, frequentemente não os distinguindo teoricamente — recusando completamente, na prática, a distinção. É essa ênfase na "experiência" (o termo que apreende, perfeitamente, essa falta de distinção ou essa identidade) que tem unido os procedimentos práticos dos historiadores sociais, dos etnógrafos e daquelas pessoas interessadas, digamos, na "escrita operária".

---

[16] WILLIS, 1979.

Comparados com o tecido denso e estreitamente tramado dos encontros face a face, os programas de televisão parecem um produto bastante abstrato ou até mesmo etéreo. Por um lado, eles são muito mais claramente uma representação da "vida real" (na melhor das hipóteses) do que as narrativas (usualmente construídas) da vida cotidiana. Eles assumem — sob a aparência do programa ou do texto — uma forma separada, abstraída ou objetiva. Eles chegam até nós de um lugar especial, fixo — uma caixa de forma e tamanho padronizado, no canto de nossa sala de estar. Naturalmente, nós os apreendemos socialmente, culturalmente, comunalmente, mas ainda assim eles têm este momento separado, de forma muito mais óbvia que o texto privado da fala. Essa existência separada está certamente associada com uma divisão complexa de trabalho na produção e distribuição e com a distância física e temporal entre o momento da produção e o do consumo, característicos das formas de conhecimento público em geral. Meios públicos de comunicação desse tipo, na verdade, permitem manipulações bastante extraordinárias de espaço e tempo como, por exemplo, no *revival* de filmes antigos feito pela televisão.

Eu argumentaria que essa aparente abstração nas formas reais da comunicação pública subjaz a toda a gama de métodos que focalizam a construção da realidade através das próprias formas simbólicas, tendo a linguagem como primeiro modelo, mas o momento-chave é a objetivação da linguagem no texto. Seria fascinante perseguir uma investigação histórica vinculada com essa hipótese, a qual tentaria deslindar a relação entre as abstrações reais das formas comunicativas e as abstrações mentais dos teóricos culturais. Não suponho que os dois processos caminhem facilmente lado a lado ou que as mudanças ocorram de forma sincrônica. Mas estou certo de que a noção de texto — como algo que nós podemos isolar, fixar e examinar — depende da circulação extensiva de produtos culturais que foram divorciados das condições imediatas de sua produção e que têm um momento de suspensão, por assim dizer, antes de serem consumidos.

Publicação e poder

As formas públicas e as formas privadas de cultura não estão isoladas entre si. Existe uma circulação real de formas. A produção cultural frequentemente envolve publicação — o tornar público formas privadas. Por outro lado, os textos públicos são consumidos ou lidos privadamente. Uma revista para adolescentes do sexo feminino como *Jackie*, por exemplo, recolhe e representa alguns elementos das culturas privadas da feminilidade através das quais as jovens vivem suas vidas. Ela torna, instantaneamente, esses elementos abertos à avaliação pública — como sendo por exemplo, "coisa de garotas", "tolas" ou "triviais". Ela também generaliza esses elementos no âmbito de um conjunto particular de leitoras, criando um pequeno público próprio. A revista é, pois, um material bruto para milhares de leitoras-garotas que produzem suas próprias re-apropriações dos elementos que foram, anteriormente, tomados de empréstimo de sua cultura vivida e de suas formas de subjetividade.

É importante não pressupor que a publicação trabalha, somente e sempre, de forma dominante e aviltante. Precisamos de análises cuidadosas que nos revelem onde e como as representações públicas agem para encerrar os grupos sociais nas relações de dependência existentes e onde e como elas têm alguma tendência emancipatória. Fora isso, podemos, entretanto, insistir na importância do *poder* como um elemento da análise, ao sugerir as principais formas pelas quais ele está ativo na relação entre o público e o privado.

Existem, naturalmente, profundas diferenças em termos de acesso à esfera pública. Muitas das preocupações sociais não ganham absolutamente qualquer publicidade. Não se trata simplesmente do fato de que elas continuem privadas, mas de que elas são ativamente privatizadas, *mantidas* no nível do privado. Aqui, no que tange à política formal e às ações do Estado, elas são invisíveis, sem corretivo público. Isso significa não apenas que elas têm que ser suportadas, mas que a consciência que se tem delas como sendo um mal é mantida no nível dos significados implícitos ou comunais. No interior do grupo, o conhecimento desses sofrimentos pode ser profundo, mas não de um tipo tal que espere alívio ou que ache os sofrimentos estranhos.

Como frequentemente ocorre, talvez, essas preocupações privadas realmente aparecem publicamente, mas apenas sob certos termos e, portanto, transformadas e enquadradas sob formas particulares. As preocupações da fofoca, por exemplo, aparecem, de fato, publicamente, sob uma ampla variedade de formas, mas comumente sob o disfarce do "entretenimento". Elas aparecem, por exemplo, nas telenovelas, ou são "dignificadas" apenas por sua conexão com as vidas privadas da realeza, das estrelas ou dos políticos. De forma similar, elementos da cultura do chão de fábrica podem ser levados ao palco como comédia ou como atos de variedade. Esses enquadramentos em termos de código ou gênero (literário, teatral etc.) podem não invalidar esses elementos como a base de uma alternativa social, como acreditam alguns teóricos, mas eles certamente atuam para contê-los no interior das definições públicas e dominantes daquilo que é considerado importante.

As representações públicas podem também agir sob formas mais abertamente punitivas ou estigmatizantes. Nessas formas, os elementos da cultura privada são vistos como pouco autênticos ou racionais e construídos como perigosos, desviantes ou excêntricos.[17] De forma similar,

---

[17] Existe uma literatura sociológica bastante ampla sobre estas formas de estigmatização, especialmente dos desviantes jovens. Para uma

as experiências dos grupos sociais subordinados são apresentadas como patológicas, como problemas que exigem uma intervenção não na organização da sociedade como um todo, mas nas atitudes ou nos comportamentos do próprio grupo que as sofre.

Se o espaço permitisse, seria importante comparar as diferentes formas pelas quais esses processos podem ocorrer na intersecção das relações de classe, gênero, raça e idade. Um mecanismo geral adicional é constituído pela construção, na esfera pública, de definições da própria divisão entre o público e o privado. Naturalmente, essas definições soam como definições bastante neutras: "todo mundo" concorda que as questões públicas mais importantes são a economia, a defesa, a lei e a ordem e, talvez, as questões de assistência social, e que outras questões — a vida familiar, a sexualidade, por exemplo — são essencialmente privadas. O problema é que as definições dominantes do que é considerado importante são, em boa parte, socialmente específicas e, em particular, tendem a corresponder às estruturas masculinas — e de classe média — de "interesse" (em ambos os sentidos deste termo). É, em parte, porque começam fundamentalmente a questionar essas disposições que alguns feminismos, os movimentos pela paz e os partidos verdes estão entre as formas mais subversivas de fenômenos modernos.

Enfatizei esses elementos de poder, correndo o risco de alguns desvios do argumento principal, porque as práticas dos Estudos Culturais devem ser vistas no interior deste contexto. Quer tomem como seu principal objeto os conhecimentos públicos mais abstratos e suas

---

extensão cultural deste trabalho, veja HALL *et al.*, 1978. Para formas mais sutis de marginalização, veja CCCS Media Group, Ensaio Mimeografado nº 72. Para uma análise atual do tratamento da esquerda e dos sindicatos na mídia britânica, veja a sequência de estudos feitos pelo Glasgow Media Group, 1976. O livro de Cohen e Young, 1973, é uma coletânea pioneira.

lógicas e definições subjacentes, quer investiguem o domínio privado da cultura, os Estudos Culturais estão necessariamente e profundamente implicados em relações de poder. Eles são parte dos próprios circuitos que buscam descrever. Eles podem, tal como os conhecimentos acadêmicos e profissionais, policiar a relação entre o público e o privado ou eles podem criticá-la. Eles podem estar envolvidos na vigilância da subjetividade dos grupos subordinados ou nas lutas para representá-los mais adequadamente do que antes. Eles podem se tornar parte do problema ou parte da solução. É por isso que, à medida que nos voltamos para as formas particulares de Estudos Culturais, nós precisamos fazer perguntas não apenas sobre objetos, teorias e métodos, mas também sobre os limites e os potenciais políticos das diferentes posições em torno do circuito.

A partir da perspectiva da produção

Este é um conjunto particularmente amplo e heterogêneo de abordagens. Pois incluo, sob este título, abordagens com tendências políticas bastante diferentes, desde os conhecimentos teóricos dos publicitários, das pessoas envolvidas em atividades de relações públicas para as grandes organizações e dos muitos teóricos pluralistas e liberais da comunicação pública até a maior parte das análises culturais na tradição marxista e em outras tradições críticas. Tal como ocorre com as disciplinas, são os sociólogos, os historiadores sociais, os cronistas políticos ou aquelas pessoas preocupadas com a organização política da cultura que têm, mais comumente, adotado este ponto de vista.

Uma abordagem mais sistemática da produção cultural tem sido uma preocupação relativamente recente da sociologia, da literatura, da arte ou das formas culturais populares. Essa preocupação caminha em paralelo com as discussões sobre os meios de comunicação de massa, tendo sido, originalmente, muitíssimo influenciada pelas primeiras experiências da propaganda estatal sob as condições da mídia moderna, especialmente na Alemanha Nazista. No cruzamento das discussões mais estéticas e políticas, tem havido uma preocupação generalizada com a influência das condições capitalistas de produção e do mercado de massa das mercadorias culturais sobre a "autenticidade" da cultura, incluindo as artes populares. Os estudos sobre produção no interior dessas tradições têm sido igualmente diversificados: desde as grandiosas críticas da economia política e da patologia cultural das comunicações de massa (por exemplo, as análises iniciais da Escola de Frankfurt) até aos detalhados estudos empíricos sobre a produção de notícias, os documentários ou as telenovelas[18]. De uma forma ainda bastante diferente, os estudos históricos modernos têm estado preocupados, em boa parte, com a "produção cultural", embora, desta vez, com a produção cultural dos movimentos sociais ou mesmo de classes sociais inteiras. É importante aceitar o convite de E. P. Thompson para ler *A formação da classe operária inglesa* deste ponto de vista; o trabalho de Paul Willis, especialmente *Aprendendo a ser trabalhador*, representa, sob muitos aspectos, o equivalente sociológico dessa tradição historiográfica.

O que une esses diversos trabalhos, entretanto, é que todos eles tomam, se não o ponto de vista dos produtores culturais, ao menos a posição teórica da produção. Eles estão interessados, em primeiro lugar, e acima de tudo, na produção e na organização social das formas culturais. É aqui, naturalmente, que os paradigmas marxistas têm ocupado um lugar bastante central, mesmo quando se continua a argumentar contra eles. Os primeiros trabalhos marxistas afirmaram a primazia das condições de

---

[18] Entre os melhores e detalhados estudos deste tipo estão ELLIOTT, 1972; SCHLESINGER,1978; TUNSTALL, 1971; HOBSON, 1982.

produção, frequentemente reduzindo-as a alguma versão estreitamente concebida "das forças e das relações de produção". Mesmo essas análises reducionistas tinham um certo valor: a cultura era compreendida como um produto social e não como simplesmente uma questão de criatividade individual. Ela estava, portanto, sujeita à organização política, seja pelo estado capitalista seja pelos partidos de oposição social.[19] Em trabalhos marxistas posteriores, analisavam-se as formas históricas da produção e a organização da cultura — "as superestruturas".

Nos escritos de Gramsci, o estudo da cultura a partir do ponto de vista da produção transforma-se em um interesse mais geral com as dimensões culturais das lutas e das estratégias como um todo. A duradoura e perniciosa influência das definições de "cultura" como "alta cultura" ou como "cultura dos especialistas" no *interior* do marxismo foi também definitivamente questionada.[20] Gramsci foi talvez o primeiro importante teórico marxista e líder comunista a considerar as culturas das classes populares como objeto de estudo sério e de prática política. Todas as características mais modernas da organização da cultura também começam a aparecer nesse trabalho: ele fala dos organizadores/produtores culturais não apenas como pequenos grupos de "intelectuais", de acordo com o velho modelo revolucionário ou bolchevique, mas

---

[19] As formas de "organização política" não estavam, com frequência, especificadas em Marx ou nos teóricos que o seguiram, até Lênin, este incluído. Parece-me que, para Lênin, a política cultural continuava uma questão de organização e "propaganda", num sentido bastante estreito.

[20] Os exemplos de "arte" que, segundo Althusser, estariam livres da ideologia, são uma demonstração da persistência desta visão no marxismo. É interessante também aqui comparar as visões de Althusser e de Gramsci relativamente à "Filosofia": Althusser tende a uma definição que a coloca do lado da "alta cultura" ou a vê como uma atividade acadêmica especializada; Gramsci, a uma definição que a coloca do lado do "popular".

como estratos sociais inteiros, concentrados em torno de instituições particulares — escolas, faculdades, a lei, a imprensa, as burocracias estatais e os partidos políticos. O trabalho de Gramsci constitui o mais sofisticado e fértil desenvolvimento de uma abordagem marxista via produção cultural. Creio, entretanto, que Gramsci continua muito mais "leninista" do que, em geral, se pensa.[21] A julgar pelo trabalho disponível em inglês, parece que ele estava menos interessado em como as formas culturais funcionam subjetivamente do que em como "organizá-las" externamente.

Limites do ponto de vista da produção

Vejo dois limites recorrentes na análise da cultura desse ponto de vista. O primeiro é a conhecida dificuldade do economicismo, a qual eu gostaria de formular aqui de uma forma diferente. Existe, nesse modelo, uma tendência a negligenciar aquilo que é específico da produção *cultural*. A produção cultural é, muito comumente, assimilada ao modelo da produção capitalista em geral, sem que se dê uma atenção suficiente à natureza dual do circuito das mercadorias culturais. As condições de produção incluem não apenas os meios materiais de produção e a organização capitalista do trabalho, mas um estoque de elementos culturais já existentes, extraídos do reservatório da cultura vivida ou dos campos já públicos de discurso. Este material bruto é estruturado não apenas pelos imperativos da produção capitalista (isto é, mercantilizados), mas também pelos efeitos indiretos das relações sociais capitalistas e de outras relações sociais sobre as regras da linguagem e do discurso existentes. Isto vale,

---

[21] Penso que a recepção predominante de Gramsci na Grã-Bretanha é "antileninista", especialmente entre aquelas pessoas interessadas na teoria do discurso. Mas pode ser que a apropriação feita pelo CCCS subestime também o leninismo de Gramsci. Sou grato a Victor Molina pelas discussões sobre essa questão.

de maneira especial, para as lutas de classe e de gênero, consideradas do ponto de vista de seus efeitos sobre os diferentes símbolos e signos sociais. Em contraste com isto, a economia política marxista insiste nas "determinações" mais brutalmente óbvias — especialmente em mecanismos tais como competição, controle monopolista e expansão imperial.[22] É por isso que a reivindicação de algumas semiologias, em sua pretensão de oferecer uma análise materialista alternativa, tem, realmente, alguma força.[23] Em outras palavras, muitas das análises do lado da produção podem ser criticadas pelas bases escolhidas: como análises da produção cultural, da produção de formas "subjetivas", elas nos revelam, no máximo, alguma coisa sobre algumas das condições "objetivas" e sobre o funcionamento de alguns espaços sociais — tipicamente, o funcionamento ideológico da empresa capitalista (por exemplo, a publicidade, o funcionamento da mídia comercial), mas nada sobre o funcionamento dos partidos políticos, das escolas ou dos aparatos da "alta cultura".

A segunda dificuldade não é o economicismo, mas aquilo que poderíamos chamar de "produtivismo". As duas frequentemente aparecem combinadas; elas são, entretanto, analiticamente distintas. O marxismo de Gramsci, por exemplo, certamente não é economicista, mas

---

[22] Veja, por exemplo, os trabalhos de Graham Murdock e Peter Golding sobre a economia política dos meios de comunicação de massa: por exemplo MURDOCK e GOLDING, 1977; MURDOCK, 1982. Para uma discussão mais explicitamente polêmica do trabalho do CCCS, veja Golding e Murdock, in Barratt *et al*. Para uma réplica, veja Connell, 1978.

[23] Estes argumentos têm sua origem próxima na afirmação de Althusser de que as ideologias têm uma existência material. Para um argumento clássico sobre este tipo de "materialismo", veja COWARD e ELLIS, 1977. Isto é bastante diferente do argumento de Marx de que, sob condições particulares, as ideologias adquirem uma "força material", ou da elaboração que Gramsci faz disso em termos das condições de popularidade.

ele é, provavelmente, produtivista. O problema, aqui, é a tendência a inferir o caráter de um produto cultural e seu uso social das condições de sua produção, como se, em questões culturais, a produção determinasse tudo. As formas corriqueiras dessa inferência são conhecidas: tudo de que necessitamos é rastrear uma ideia à sua origem para declará-la "burguesa" ou "ideológica" — vem daí a "novela burguesa", a "ciência burguesa", a "ideologia burguesa" e, naturalmente, todos os equivalentes "proletários". A maioria dos críticos desta redução atacam-na negando a conexão entre as condições de origem e a tendência política.[24] Não quero negar que as condições de origem (incluindo a classe e o gênero dos produtores) exercem uma profunda influência sobre a natureza do produto. Considero mais útil questionar essas identificações não como *erradas* mas como *prematuras*. Elas podem ser verdadeiras na medida em que elas estão de acordo com a lógica daquele momento, mas elas negligenciam toda a gama de possibilidades das formas culturais, especialmente na medida em que essas são realizadas no consumo ou na "leitura". Não vejo como qualquer forma cultural possa ser chamada de "ideológica" (no sentido crítico marxista usual) até que tenhamos examinado não apenas sua origem no processo de produção primário, mas também cuidadosamente analisado sua formas pessoais *bem como* os modos de sua recepção. "Ideológico", a menos que concebido como um termo neutro, é o último termo a ser usado nessas análises e não o primeiro.[25]

---

[24] Isto se aplica a uma gama ampla de teorias estruturalistas e pós-estruturalistas, desde os argumentos de Poulantzas contra noções reducionistas de ideologia relativamente à classe até às posições mais radicais de Barry Hindess e Paul Hirst e outros teóricos do "discurso".

[25] A este respeito, encontro-me em desacordo com muitas correntes dos Estudos Culturais, incluindo algumas bastante influentes, que optam por um uso ampliado do conceito de ideologia, mais no sentido bolchevique ou no sentido mais leninista dos (vários) usos feitos por Althusser. Por exemplo, a ideologia é aplicada — no importante curso

Ainda considero o debate entre Walter Benjamin e Theodor Adorno, sobre as tendências da cultura de massa, um exemplo bastante instrutivo.[26] Adorno passou como um furacão, em sua grandiosa análise, identificando as condições capitalistas de produção, descrevendo os efeitos da forma "fetichizada" da mercadoria cultural e encontrando seu perfeito complemento na "escuta regressiva" dos fãs de música popular. Há um elemento altamente dedutivo ou inferencial neste raciocínio, o qual, com frequência, está baseado em alguns saltos teóricos gigantescos, os quais tinham sido dados, antes dele, por Lukacs. As confusões e reduções resultantes estão bem ilustradas em um dos seus poucos e concretos exemplos: sua análise do *slogan* da cerveja britânica Watneys — "o que nós queremos é Watneys":

> A marca da cerveja é apresentada como um *slogan* político. Este *outdoor* nos faz compreender a natureza atualizada da propaganda, que vende seus *slogans* da mesma forma que vende seus produtos (...) o tipo de relação que é sugerido pelo *outdoor*, pelo qual as massas fazem de uma mercadoria que

---

sobre cultura popular da Universidade de Oxford — à formação das subjetividades como tais. Quando assim ampliado, argumento que o termo perde sua utilidade — "discurso", "forma cultural" etc. também serviriam. Globalmente, quero reter as conotações "negativas" ou "críticas" do termo "ideologia" no discurso marxista clássico, embora não, como é o caso, o seu acompanhamento usual — uma concepção "dura" do marxismo como ciência. Pode muito bem ser o caso de que todo nosso conhecimento do mundo e todas as nossas concepções do eu sejam "ideológicas", ou mais ou menos ideológicas, na medida em que se tornam parciais pela ação dos interesses e do poder. Mas isto parece-me ser uma proposição que tem que ser plausivelmente argumentada em casos particulares em vez de ser simplesmente pressuposta no início de toda análise. O sentido ampliado, "neutro", do termo não pode deixar totalmente de lado as conotações negativas mais antigas. Estas questões são discutidas de forma interessante no trabalho de Jorge Larrain. Veja LARRAIN, 1983; 1979.

[26] Veja, especialmente, ADORNO, 1978; ADORNO e HORKHEIMER, 1973; BENJAIM, 1973.

lhes é recomendada o objeto de sua própria ação é, na verdade, encontrado, outra vez, no padrão de recepção da música ligeira. Elas têm necessidade daquilo que lhes foi apresentado como necessário — na verdade, elas o exigem.[27]

Não vejo problema com as primeiras linhas. Gosto do *insight* sobre os caminhos paralelos — a partir da situação alemã — da propaganda política e da publicidade comercial. A leitura do *slogan* é também bastante interessante, mostrando como a publicidade age para produzir uma identificação ativa. Mas a análise se perde tão logo chegamos às "massas". A análise supõe que os bebedores reais e diferenciados de Watneys e os leitores do *slogan* agem como ventríloquos do fabricante de cerveja, sem quaisquer outras determinações intervenientes. Abstrai-se qualquer coisa que esteja especificamente relacionada à fruição de *slogans* ou ao ato de beber cerveja. Adorno não se interessa, por exemplo, pelo significado da Watneys (ou de qualquer outra bebida alcoólica) no contexto das relações sociais — indexadas pelo pronome "nós" — de um bar. A possibilidade de que os bebedores possam ter suas próprias razões para consumir um dado produto e de que o beber tenha um valor de uso social é deixada de lado.[28]

Este é um caso bastante extremo de produtivismo, mas a pressão para inferir efeitos ou leituras a partir de uma análise da produção é constante. Ela caracteriza, por exemplo, uma rica vertente do trabalho em Estudos Culturais, a qual tem se preocupado, principalmente, em analisar campos particulares do discurso público. Entre as publicações do CCCS, *Policing the Crisis* e *Unpopular*

---

[27] Adorno, 1978. Mais tarde, ele fornece quadros levemente mais suaves de tipos de consumo de música popular, mas mesmo sua dança de fãs assemelha-se aos "reflexos de animais mutilados" (p. 292).

[28] Para críticas mais elaboradas, veja BRADLEY, *CCCS* Stencilled Paper 61; MIDDLETON, 1981.

Education[29] eram, ambas, análises dos nossos primeiros dois momentos: de textos (neste caso, os campos do discurso sobre a lei e a ordem e sobre a educação pública) e de suas condições e histórias de produção (campanhas sobre lei e ordem, o trabalho de "definidores" primários como os juízes e a polícia, o papel do "thatcherismo" etc.). Ambos os estudos provaram ter considerável valor preditivo, mostrando os pontos fortes e a popularidade da política da "Nova Direita" quando — no caso do *Policing* — da primeira vitória eleitoral de Margareth Tatcher em 1979.[30] De forma similar, acredito que *Unpopular Education* continha o que se mostrou ser uma análise perspicaz das contradições fundamentais da política social democrática na Grã-Bretanha e, portanto, algumas das agonias do Partido Trabalhista. Como guias políticos, ambos os estudos são, entretanto, incompletos: falta-lhes uma descrição dos efeitos da crise de 1945 sobre a cultura vivida dos grupos de classe operária ou uma análise realmente concreta da aceitação popular das ideologias da "Nova Direita". Em outras palavras, eles são limitados por dependerem, em sua maior parte, de conhecimentos "públicos" da mídia e da política formal. É preciso algo mais do que isso, especialmente se quisermos ir além da crítica e contribuir para a produção de novos programas e movimentos políticos.

Podemos concluir este argumento voltando-nos para Walter Benjamim. Benjamim tinha, certamente, uma visão mais aberta das potencialidades das formas culturais de massa do que Adorno. Ele estava entusiasmado com as suas possibilidades técnicas e educacionais. Ele apelou

---

[29] CCCS Education Group, 1981.

[30] A análise do thatcherismo continuou a ser uma das principais preocupações de Stuart Hall. Veja os importantes ensaios republicados em HALL e JACQUES, 1983. O ensaio "The Great Moving Right Show", escrito antes da eleição de 1979, mostrou-se especialmente perspicaz.

para que os produtores culturais transformassem não apenas seus trabalhos, mas também suas maneiras de trabalhar. Ele descreveu a técnica de uma nova forma de produção cultural: o "teatro épico" de Brecht. Podemos ver, entretanto, que todos esses *insights* ou são — primariamente — os comentários de um crítico sobre as teorias dos produtores ou adotam a posição da produção. É aqui, ainda do lado do criador, que as jogadas realmente revolucionárias devem ser feitas. É também verdade que Benjamim tinha ideias interessantes sobre a potencialidade das formas modernas para produzir uma relação nova e mais distanciada entre o leitor e o texto, mas este *insight* continuou tão abstrato e tão apriorístico em seu otimismo quanto o pessimismo de Adorno. Ele não estava enraizado em qualquer análise ampliada da experiência mais ampla de grupos particulares de leitores.

Nosso primeiro caso (a produção) acaba por ser um exemplo interessante de um argumento do qual a forma geral se repetirá. Devemos examinar, naturalmente, as formas culturais do ponto de vista de sua produção. Isto deve incluir as condições e os meios de produção, especialmente em seus aspectos subjetivos e culturais. Em minha opinião, deve incluir descrições e análises também do momento real da própria produção — o trabalho de produção e seus aspectos subjetivos e objetivos. Não podemos estar perpetuamente discutindo as "condições", sem nunca discutir os atos! Devemos, ao mesmo tempo, evitar a tentação, assinalada nas discussões marxistas sobre determinações, de subsumir todos os outros aspectos da cultura às categorias dos estudos de produção. Isso sugere dois estágios de uma abordagem mais sensível. O primeiro consiste em conceder uma independência e uma particularidade ao momento distinto da produção, fazendo o mesmo para outros momentos. Esta é uma sustentação necessária, negativa, do argumento contra o reducionismo de todas as espécies. Mas, uma vez tendo estabelecido este princípio em nossas análises, um outro estágio torna-se bastante evidente. Os diferentes momentos ou aspectos não são, na verdade, distintos. Existe, por exemplo, um sentido no qual (bastante cuidadosamente) podemos falar dos textos como "produtivos" e um argumento muito mais forte para ver a leitura ou consumo cultural como um processo de produção, no qual o primeiro produto torna-se um material para um novo trabalho. O texto-tal-como-produzido é um objeto diferente do texto-tal-como-lido. O problema com a análise de Adorno e talvez com as abordagens produtivistas em geral está não apenas em que elas inferem o texto-tal-como-lido do texto-tal-como-produzido, mas que, também, ao fazer isso, elas ignoram os elementos da produção em outros momentos, concentrando a "criatividade" no produtor ou no crítico. Esse é, talvez, o preconceito mais profundo de todos, entre os escritores, os artistas, os professores, os educadores, os comunicadores e os agitadores no interior das divisões intelectuais de trabalho!

Estudos baseados no texto

Todo um segundo bloco de abordagens está, primariamente, preocupado com os produtos culturais. Mais comumente, esses produtos são tratados como "textos"; o importante é fornecer "leituras" mais ou menos definitivas deles. Duas características parecem especialmente importantes: (1) a separação entre críticos especializados e leitores comuns e (2) a divisão entre praticantes culturais e aqueles que, primariamente, comentam as obras de outros. Ambas as características têm muito a ver com o crescimento e o desenvolvimento das instituições educacionais, especialmente as acadêmicas; mas é interessante observar que os "modernismos", que têm tão profundamente influenciado os Estudos Culturais, surgiram como teorias do produtor, mas são agora discutidos mais intensivamente nos contextos acadêmicos e educacionais. Estou pensando, particularmente, nas teorias associadas com o cubismo e o construtivismo, com o formalismo e o cinema russo e, naturalmente, nas teorias de Brecht sobre o teatro.[31]

Grande parte daquilo que se conhece sobre a organização textual das formas culturais é agora ensinado nas disciplinas acadêmicas convencionalmente agrupadas como "Humanidades" ou "Artes". As principais disciplinas das "Humanidades", mais especialmente a Linguística e os Estudos Literários, têm desenvolvido meios de descrição formal que são indispensáveis para a análise cultural. Estou pensando, por exemplo, na análise literária das formas de narrativa, mas também na análise de formas sintáticas, na análise das possibilidades e transformações em Linguística, na análise formal de atos e trocas na fala, na análise de algumas formas elementares de teoria cultural feita pelos filósofos e nos conceitos tomados de empréstimo, pela crítica e pelos Estudos Culturais, da semiologia e de outros estruturalismos.

Vista de fora, a situação nas Humanidades e, especialmente, na Literatura parece-me bastante paradoxal: por um lado, o desenvolvimento de instrumentos imensamente poderosos de análise e descrição; por outro, ambições bastante modestas em termos de aplicações e objetos de análise. Existe uma tendência que faz com que os instrumentos continuem obstinadamente técnicos ou formais. O exemplo que considero mais impressionante no momento é o da Linguística, que parece uma verdadeira caixa do tesouro para a análise cultural, mas que está soterrada sob uma mística técnica e um profissionalismo acadêmico exagerados dos quais, felizmente, está começando a emergir.[32] Outras possibilidades parecem

---

[31] Introduções particularmente úteis, em inglês, a esses combinados impactos são HARVEY, 1980; BENNETT, 1979.

[32] Veja, por exemplo, o trabalho de um grupo de "linguistas críticos" inicialmente baseados na Universidade de East Anglia, especialmente

perpetuamente presas à necessidade de dizer algo novo sobre algum texto ou autor canônico. Isto, algumas vezes, permite um amadorismo de franco-atirador, cujas credenciais culturais gerais aparentemente sancionam a aplicação liberal de alguns julgamentos de óbvio senso comum a praticamente quase tudo. Entretanto, o paradoxo está em que as disciplinas das Humanidades, que estão tão claramente preocupadas em identificar as formas subjetivas de vida, são, já, Estudos Culturais em embrião!

As formas, as regularidades e as tensões primeiramente identificadas na literatura (ou em certos tipos de música ou de arte visual) frequentemente acabam tendo uma circulação social muito mais ampla. As feministas que trabalham com o romance, por exemplo, têm analisado as correspondências entre as formas narrativas da ficção romântica popular, os rituais públicos de casamento (o casamento real, por exemplo) e, mesmo que apenas através de sua própria experiência, o trabalho subjetivo das resoluções simbólicas do amor romântico.[33] Estimulado por este modelo ainda em desenvolvimento, um conjunto de pesquisadoras está investigando as fantasias conflitantes da cultura juvenil masculina e as formas narrativas do épico. Como se provocado pela deixa de um ponto teatral, o conflito das Malvinas cristalizou ambas essas formas, juntando-as em um espetáculo público particularmente dramático e real. Não existe melhor exemplo, talvez, dos limites de se tratar formas como o romance ou a épica

---

FOWLER, 1979. Sou especialmente grato a Gunther Kress, que passou alguns meses no Centro, e a Utz Maas, da Universidade Osnabruck, por discussões muito produtivas sobre as relações entre Estudos da Linguagem e Estudos Culturais. Veja também MAAS, 1982.

[33] Grande parte deste trabalho continua inédito. Tenho grandes esperanças de que um dos próximos livros do CCCS seja uma coletânea sobre romance. Neste meio tempo, veja English Studies Group, 1980; HARRISON, 1978; McROBBIE, 1978; CONNELL, 1981; Griffin, *CCCS Stencilled Paper 69*; Winship, CCCS Stencilled Paper 65; MICHELE, *CCCS Stencilled Paper*, no prelo.

como construções meramente *literárias*.[34] Pelo contrário, elas estão entre as mais poderosas e onipresentes das categorias *sociais* ou formas *subjetivas*, especialmente em suas construções da feminilidade e da masculinidade convencionais. Os seres humanos vivem, amam, sofrem perdas e vão à luta e morrem por elas.

Como sempre, pois, o problema consiste em se apropriar de métodos que estão frequentemente encerrados em canais disciplinares estreitos e usar seus reais *insights* mais amplamente, mais livremente. Que tipos de métodos baseados na análise de textos são, pois, mais úteis? E quais seriam os problemas a serem identificados e superados?

A importância de ser formal

Especialmente importantes são todas as influências modernistas e pós-modernistas, particularmente aquelas associadas com o estruturalismo e com a Linguística pós-saussureana. Incluo aqui os desenvolvimentos na semiologia, mas gostaria de incluir também, como tendo algum tipo de parentesco, talvez distante, algumas vertentes da Linguística anglo-americana.[35] Os Estudos Culturais têm, muitas vezes, se aproximado dessas vertentes de uma forma um tanto acalorada, tendo lutas acirradas, em particular, com aqueles tipos de análises de texto inspiradas pela Psicanálise,[36] mas as renovadas

---

[34] Grande parte deste trabalho está conectado com o trabalho do Grupo de Memória Popular, do CCCS, sobre a popularidade do nacionalismo conservador. Sou especialmente grato a Laura di Michele por levantar estas questões relativamente ao "épico" e a Graham Dawson por discussões sobre masculinidade, guerra e cultura masculina adolescente.

[35] Especialmente aqueles que derivam do trabalho de M. A. K. Halliday, que inclui o grupo de "linguística crítica". Para Hallyday, veja KRESS, 1976.

[36] Veja, especialmente, a longa — e quase totalmente inédita — crítica à revista *Screen* feita pelo Grupo de Mídia do CCCS, 1977-78. Partes desta crítica estão em Hall *et al.*, 1980.

infusões modernistas continuam a ser uma fonte de desenvolvimentos. Como alguém que vem do outro lado, o histórico/sociológico, sou, frequentemente, surpreendido e — de forma pouco crítica — atraído pelas possibilidades aqui existentes.

A análise formal moderna promete uma descrição realmente cuidadosa e sistemática das formas subjetivas e de suas tendências e pressões. Ela nos tem permitido identificar, por exemplo, a narratividade como uma forma básica de organização da subjetividade.[37] Ela também nos dá indicações sobre o repertório das formas narrativas contemporaneamente existentes — as estórias reais características de diferentes modos de vida. Se nós as tratarmos não como arquétipos mas como construções historicamente produzidas, as possibilidades de um estudo concreto, produtivo, em uma gama ampla de materiais, são imensas. Pois as estórias, obviamente, não se apresentam apenas na forma de ficções literárias ou fílmicas; elas se apresentam também na conversação diária, nos futuros imaginados e nas projeções cotidianas de todos nós, bem como na construção — através de memórias e histórias — de identidades individuais e coletivas. Quais são os padrões recorrentes aqui? Que

---

[37] Pressuponho que esta é a mensagem comum de um ampla gama de trabalhos, alguns dos quais bastante críticos do formalismo estruturalista, sobre o tema da narrativa na literatura, no filme, na televisão, na narrativa *folk*, no mito, na história e na teoria política. Estou no meio de minha própria lista de leitura, mergulhando neste material a partir de uma formação bem pouco literária. Meus pontos de partida são as teorias da narrativa em geral compare BARTHES, 1977 e JAMESON, 1981, mas estou mais interessado nos trabalhos que, em um nível menor de generalidade, especifica os *gêneros* de narrativa. Fui estimulado, aqui, pelo trabalho sobre as narrativas fílmicas e televisivas. Veja, especialmente, os textos reunidos em Bennett *et al.*,1981, mas também nas formas "arquetípicas" de gênero — a épica, o romance, a tragédia etc. — tal como em FRYE, 1957. Minha preocupação particular é com as estórias que mutuamente nos contamos, individualmente e coletivamente. A este respeito, a literatura é, até agora, desapontadora.

formas nós podemos, mais comumente, abstrair desses textos? Parece-me que, no estudo das formas subjetivas, estamos naquele estágio da economia política que Marx, nos *Grundrisse*, viu como necessário mas primitivo: "quando as formas tinham ainda que ser laboriosamente escalpeladas do material".

Há, aqui, uma série de inibições. Uma delas é a oposição às categorias abstratas e o medo do formalismo. Penso que isso é, muitas vezes, bastante mal colocado. Precisamos abstrair as formas a fim de descrevê-las cuidadosamente, claramente, observando as variações e as combinações. Estou seguro de que Roland Barthes estava correto quando argumentou contra a rejeição quixotesca do "artifício da análise":

> Menos aterrorizada pelo espectro do "formalismo", a crítica histórica poderia ter sido menos estéril; ela teria compreendido que o estudo específico das formas não contradiz, de modo algum, os princípios necessários da totalidade e da História. Pelo contrário: quanto mais um sistema é especificamente definido por suas formas, mais ele está sujeito à crítica histórica. Para parodiar o dito bem conhecido, direi que pouco formalismo nos afasta da História, mas que muito formalismo nos leva de volta a ela.[38]

Sem dúvida, a "História" de Barthes é suspeitosamente grafada em maiúsculas e esvaziada de conteúdo: diferentemente do marxismo, a semiologia não nos oferece uma prática (a menos que sejam os pequenos ensaios de Barthes) para reconstituir um todo complexo a partir das diferentes formas. Mas estou certo de que nós acabaremos com histórias melhores, mais explicativas, se tivermos compreendido mais abstratamente algumas das formas e relações que as constituem. De algum modo, na verdade, penso que o trabalho de Barthes não é suficientemente formal. O nível de elaboração, em seu trabalho da

---

[38] BARTHES, 1973, p. 112.

última fase, parece, algumas vezes, gratuito: demasiado complexo para ser claro, insuficientemente concreto para construir uma descrição substantiva. Nesse e em outros empreendimentos semiológicos, o que estamos ouvindo perfeitamente é o ruído agitado de autogerados sistemas intelectuais rapidamente fugindo ao controle? Se assim for, trata-se de um ruído diferente do barulho satisfeito de uma abstração realmente histórica!

Os estruturalismos radicais estimulam-me por uma outra razão.[39] Eles são o que existe de mais distante da crítica do empiricismo que, como sugeri anteriormente, fundamenta filosoficamente os Estudos Culturais. Este construcionismo radical — nada na cultura é tomado como dado, tudo é produzido — é um importante *insight* que não podemos abandonar. Naturalmente, esses dois estímulos estão estreitamente relacionados: o segundo como uma premissa do primeiro. É porque sabemos que não estamos no controle de nossas próprias subjetividades que precisamos tão desesperadamente identificar suas formas e descrever suas histórias e possibilidades futuras.

O que é, afinal, um texto?

Mas se a análise de texto é indispensável, o que é, então, um texto? Relembremos o Mini-Metro como um exemplo da tendência dos "textos" a um crescimento polimorfo; o exemplo da análise dos gêneros de James Bond, feita por Tony Bennett, é um exemplo ainda melhor.[40] A proliferação de representações aliadas no

---

[39] Com isto quero significar "pós-estruturalismo" em sua designação usual. Esse parece ser um rótulo bastante enganador, uma vez que é difícil pensar na última fase da semiologia sem a primeira ou mesmo Foucault sem Althusser.

[40] Bennett, "James Bond as popular Hero", *Oxford Popular Culture Course Unit*, Unit 21, Block 5; "Text and social process: the case of James Bond", Screen Education, 1982.

campo dos discursos públicos coloca grandes problemas para qualquer praticante dos Estudos Culturais contemporâneos. Existem, entretanto, melhores e piores formas de lidar com eles. Frequentemente, penso, chega-se a uma solução literária tradicional: elegemos um "autor" (na medida em que isto é possível), uma única obra ou série, talvez um gênero distintivo. Nossas escolhas podem, agora, ser textos populares: talvez um meio eletrônico ou fílmico, embora ainda haja limites nesses critérios "quase literários".

Se, por exemplo, estamos realmente interessados em saber como as convenções e os meios técnicos disponíveis no interior de um meio particular estruturam as representações, precisamos trabalhar ao *longo* dos gêneros e dos meios, comparativamente. Precisamos descrever as diferenças, bem como as similaridades, entre o romance literário, o amor romântico como espetáculo público e o amor como uma forma privada ou narrativa. É apenas dessa forma que podemos resolver algumas das mais importantes questões avaliativas aqui: em que medida, por exemplo, o romance atua apenas para aprisionar as mulheres em condições sociais opressivas, e em que medida a ideologia do amor pode, não obstante, expressar concepções utópicas de relações pessoais. Não *temos*, certamente, que limitar nossa pesquisa a critérios literários; outras escolhas estão disponíveis. É possível, por exemplo, adotar "problemas" ou "períodos" como critério principal. Embora restritos por sua escolha de gêneros e meios bastante "masculinos", *Policing the Crisis* e *Unpopular Education* são estudos deste tipo. Eles giram em torno de uma definição histórica básica, examinando aspectos da ascensão da "Nova Direita", principalmente a partir do início dos anos 70. A lógica desta abordagem foi ampliada nos recentes estudos do CCCS sobre mídia: um estudo de uma gama ampla de representações, feitas pela mídia, da Campanha pelo Desarmamento Nuclear (outubro de 1981)[41] e um estudo da mídia no período de feriados pós-Malvinas (Natal de 1982 ao Ano Novo de 1983).[42] Essa última abordagem é especialmente produtiva, uma vez que ela nos permite examinar a construção de um feriado (especialmente, o jogo em torno da divisão público/privado) de acordo com as possibilidades dos diferentes meios e gêneros, como por exemplo, a telenovela e a imprensa diária popular. Ao apreender algo da contemporaneidade e dos "efeitos" combinados dos diferentes sistemas de representação, esperamos também chegar mais perto da experiência mais cotidiana de ouvir, ler e ver. Desta forma, o estudo, baseado em uma conjuntura que, neste caso, é um tanto histórica (o momento pós--Malvinas de dezembro de 1982) e sazonal (as festas natalinas), tem como premissa a crença de que o contexto é crucial na produção de significado.

De forma mais geral, o objetivo é descentrar o "texto" como um objeto de estudo. O "texto" não é mais estudado por ele próprio, nem pelos efeitos sociais que se pensa que ele produz, mas, em vez disso, pelas formas subjetivas ou culturais que ele efetiva e torna disponíveis. O texto é apenas um *meio* no Estudo Cultural; estritamente, talvez, trata-se de um material bruto a partir do qual certas formas (por exemplo, da narrativa, da problemática ideológica, do modo de endereçamento,[43] da posição de sujeito

---

[41] "Fighting over peace: representations of CND in the media". *CCCS Stencilled Paper*, 72.

[42] Este projeto ainda não foi completado; título provisório: "Jingo Bells: the public and the private in Christmas media 1982".

[43] "Modo de endereçamento" é a tradução de "mode of address", expressão utilizada sobretudo na análise estruturalista e pós-estruturalista do cinema para se referir às formas pelas quais o "texto" interpela o "leitor", posicionando-o ideológica ou subjetivamente. Está relacionado com o conceito de "interpelação" (qualquer interpelação é feita a partir de um determinado modo de endereçamento) e com o conceito de "posição de sujeito" (aos diferentes modos de endereçamento correspondem posições específicas de sujeito). (N. do T.).

etc.) podem ser abstraídas. Ele também pode fazer parte de um campo discursivo mais amplo ou ser uma *combinação* de formas que ocorrem em outros espaços sociais com alguma regularidade. Mas o objeto último dos Estudos Culturais não é, em minha opinião, o texto, mas a *vida subjetiva das formas sociais* em cada momento de sua circulação, incluindo suas corporificações textuais. Isto está muito distante da valoração literária dos textos por si mesmos, embora, naturalmente, os modos pelos quais algumas corporificações textuais de formas subjetivas são valoradas relativamente a outras, especialmente por críticos ou educadores (o problema, especialmente, do "baixo" e do "alto" na cultura), sejam uma questão central, especialmente em teorias de cultura e classe. Mas este é um problema que subsume preocupações "literárias" ao invés de reproduzi-las. Uma questão-chave é a de saber como os critérios do que é "literário" acabam por ser, eles próprios, formulados e instalados nas práticas acadêmicas, educacionais e em outras práticas regulativas.

Miopias estruturalistas

Como constituir o texto é um problema; um outro problema é a tendência de outros momentos, especialmente da produção cultural e da leitura, mas mais geralmente dos aspectos mais concretos e privados da cultura, a desaparecerem diante da leitura de um texto. Em torno dessa tendência, poderíamos escrever toda uma complicada história dos formalismos, usando o termo, agora, em seu sentido crítico mais familiar. Compreendo o formalismo negativamente, não como uma abstração de formas a partir dos textos, mas como a abstração dos textos a partir de outros momentos. Para mim, essa abstração é crítica, assinalando preocupações legítimas e excessivas com a forma. Eu explicaria o formalismo, no sentido negativo, em termos de dois conjuntos principais de determinações: aquelas que derivam da localização social do "crítico" e dos limites de uma prática particular, e aquelas que derivam de problemáticas teóricas particulares — os instrumentos de escolas críticas diferentes. Embora haja uma associação histórica clara, especialmente no século XX, entre "crítica" e formalismo, não existe nenhuma conexão necessária entre eles.

Os formalismos particulares que mais me interessam — porque existem mais coisas a resgatar — são aqueles associados com as várias discussões estruturalistas e pós-estruturalistas sobre o texto, a narrativa, as posições de sujeito, os discursos e assim por diante. Incluo aqui, de uma forma necessariamente sintética, toda a sequência que vai da linguística de Saussure e da sociologia de Lévi-Strauss, passando por Barthes e por aquilo que é, algumas vezes, chamado de "marca semiológica 1",[44] até aos desenvolvimentos colocados em movimento pelo maio de 1968 na crítica de cinema, na semiologia e na teoria narrativa, incluindo a complicada interseção entre o marxismo althusseriano, as semiologias mais recentes e a Psicanálise. Apesar de suas variações, essas abordagens das "práticas de significação" partilham certos limites paradigmáticos que eu chamo de "miopias estruturalistas".

Elas são limitadas, de uma forma muito fundamental, por permanecerem no interior dos termos da análise textual. Mesmo quando vão além dela, elas subordinam outros momentos à análise textual. Em particular, elas tendem a negligenciar questões sobre a produção de formas culturais ou de sua organização social mais ampla, ou a reduzir questões de produção à "produtividade" (eu diria, "capacidade de produzir") dos sistemas de significação já existentes, isto é, das linguagens formais ou dos códigos. Elas também tendem a negligenciar questões

---

[44] Este termo tem sido usado para distinguir entre semiologias "estruturalistas" e "pós-estruturalistas", com a incorporação de ênfases da psicanálise lacaniana como um importante divisor de águas.

relativas às leituras feitas pelo público ou subordiná-las às competências de uma forma textual de análise. Elas tendem, na verdade, a deduzir a leitura do público das leituras textuais do próprio crítico. Gostaria de sugerir que o elemento comum em ambos esses limites é uma falha teórica central — a ausência de uma "teoria" pós-estruturalista (ou deveria dizer, pós-pós-estruturalista?) adequada da *subjetividade*. Esta ausência é uma ausência que é enfatizada no interior dessas próprias abordagens; constituía, na verdade, uma acusação importante contra os antigos marxistas o fato de que lhes faltava uma "teoria do sujeito". Esta ausência é compensada, de uma forma bastante insatisfatória, pela combinação de uma análise textual com a Psicanálise, em uma descrição da subjetividade que continua muito abstrata, "fraca" e não histórica e também, em minha opinião, excessivamente "objetiva". Para sumariar as limitações, não existe, aqui, nenhuma análise da gênese das formas subjetivas e das diferentes formas pelas quais os seres humanos as *inibem*.

A negligência da produção

Este é o ponto mais fácil de ilustrar. É a diferença, por exemplo, entre os Estudos Culturais na tradição do CCCS, especialmente a apropriação pelo CCCS das análises de Gramsci sobre a hegemonia e, digamos, a tendência teórica principal da revista de crítica cinematográfica associada com o British Film Institute, *Screen*. No contexto italiano, a comparação poderia ser entre as tradições semiológicas "puras" e os Estudos Culturais. Enquanto os Estudos Culturais de Birmingham tenderam a se tornar mais históricos, mais preocupados com conjunturas e localizações institucionais particulares, a tendência da crítica cinematográfica, na Inglaterra, tem sido, em vez disso, na outra direção. Inicialmente, uma antiga preocupação marxista com a produção cultural e em particular com o cinema, com a indústria e com as conjunturas da produção cinematográfica, era comum tanto na Inglaterra quanto na França. Mas, tal como as revistas cinematográficas francesas, *Screen* tornou-se, nos anos 70, crescentemente preocupada menos com a produção como um processo social e histórico e mais com a "produtividade" dos próprios sistemas de significação; em particular, com os meios de representação do veículo cinematográfico. Argumentou-se mais explicitamente em favor dessa mudança não apenas nas críticas das teorias realistas de cinema e das estruturas realistas do próprio filme convencional, mas também na crítica do "super-realismo" de (celebrados) marxistas como Eisenstein e Brecht.[45] Ela fez parte de um movimento mais amplo que colocava uma ênfase crescente nos meios de representação em geral e argumentava que tínhamos que escolher entre a autonomia virtual e a determinação absoluta da "significação" ou retornar à consistência do marxismo ortodoxo. Como diz uma elegante mas exagerada e unilateral expressão, são os mitos que narram o criador do mito, a língua que fala o falador, os textos que leem o leitor, a problemática teórica que produz a "ciência" e a ideologia e o discurso que produzem o "sujeito".

Havia, sim, uma análise da produção neste trabalho, mas tratava-se de uma análise bastante fraca. Se pensamos na produção como envolvendo materiais brutos, instrumentos ou meios de produção e formas socialmente organizadas de trabalho humano, as análises fílmicas feitas por *Screen*, por exemplo, estavam focalizadas de forma estreita em alguns dos instrumentos e meios de produção/representação. Digo "alguns" porque as teorias

---

[45] A relação da teoria da revista *Screen* com Brecht e Eisenstein é bastante estranha. Caracteristicamente, as citações de Brecht eram tomadas como pontos de partida para aventuras que levavam a destinos bastante diferentes do pensamento do próprio Brecht. Veja, por exemplo, Colin MacCabe, "Realism and the cinema: notes on some Brechtian theses" in Bennett *et al.* (orgs.). In: *Popular television and film*.

semiologicamente influenciadas têm tido uma tendência a inverter as prioridades de abordagens marxistas mais antigas da produção, focalizando-se somente em alguns meios culturais, aqueles, na verdade, que a economia política negligencia. A teoria do filme dos anos 70 reconhecia a natureza "dual" do circuito cinemático, mas estava preocupada, principalmente, em analisar o cinema como uma "maquinaria mental".[46] Esta era uma escolha compreensível de *prioridades*, mas que foi, com frequência, perseguida de uma forma hipercrítica e não cumulativa. Mais séria foi a negligência relativamente ao trabalho, à atividade humana real de produção. Outra vez, isso pode ter sido, em si, uma reação exagerada contra ideias mais antigas, especialmente neste caso, contra a teoria do *auteur*, ela própria uma concepção enfraquecida do trabalho! A negligência relativamente à atividade humana (estruturada), especialmente a negligência relativamente aos conflitos em torno de todos os tipos de produção parece, em retrospecto, a ausência mais impressionante. Assim, embora a concepção de "prática" fosse muito invocada (por exemplo "prática de significação"), tratava-se de uma prática bastante sem "práxis", no velho sentido marxista. Os efeitos disso foram especialmente importantes nas discussões, às quais chegaremos, sobre textos e sujeitos.

A crítica pode, entretanto, ir um passo adiante: trata-se de uma concepção muito limitada de "meios". Havia, na teoria da *Screen*, uma tendência a olhar apenas para os "meios" especificamente cinematográficos — os códigos do cinema. As relações entre esses meios e outros recursos ou condições culturais não eram examinadas: por exemplo, a relação entre os códigos do realismo e

---

[46] "A instituição do cinema não é apenas a indústria do cinema (que funciona para encher os cinemas, não para esvaziá-los); é também a maquinaria mental — uma outra indústria — que os espectadores 'acostumados ao cinema' internalizaram historicamente e que adaptaram para o consumo de filmes" (METZ, 1975, p. 18).

o profissionalismo dos cineastas ou a relação entre os meios, de forma mais geral, e o Estado e o sistema político formal. Se esses elementos podiam ser considerados como meios (eles podiam também ser pensados como relações sociais de produção), os materiais brutos da produção estavam também, em grande parte, ausentes, especialmente em suas formas culturais. Pois o cinema, como outros meios públicos, pega seus materiais brutos do campo preexistente dos discursos políticos — isto é, de todo o campo e não apenas daquele segmento chamado "cinema" — e, sob o tipo de condições que nós examinamos, também dos conhecimentos privados. Uma crítica da própria noção de representação (vista como indispensável à crítica do realismo) fez com que se tornasse difícil para esses teóricos trazer para suas análises fílmicas qualquer reconhecimento muito elaborado daquilo que uma teoria mais antiga, mais plena, poderia ter chamado de "conteúdo". O cinema e, depois, a televisão eram analisados como se tratasse, por assim dizer, apenas "de" cinema ou televisão, simplesmente reproduzindo ou transformando as formas cinematográficas ou televisuais, não incorporando e transformando discursos primeiramente produzidos em outro local. Desta forma, o texto cinematográfico era abstraído do conjunto global de discursos e relações sociais que o rodeavam e o formavam.

Uma importante limitação adicional em grande parte deste trabalho era sua tendência a recusar qualquer gesto explicativo que fosse além dos meios existentes de representação, fosse ele a língua, uma "prática de significação" particular, ou, na verdade, um sistema político. A análise ficava limitada aos meios textuais e aos "efeitos" (apenas) textuais. Os meios não eram concebidos, historicamente, como tendo seu próprio momento de produção. Esta não era uma dificuldade localizada de análises particulares, mas uma ausência teórica geral, encontrada nos primeiros modelos influentes da teoria. A mesma dificuldade assombra a linguística saussureana. Embora as regras do sistema de linguagem determinem os atos de fala, o desenvolvimento cotidiano de formas linguísticas parece não tocar o sistema de linguagem em si. Isto ocorre, em parte, porque seus princípios são concebidos de forma tão abstrata que a mudança histórica ou a variação social deixam de ser detectadas, mas isto ocorre também porque não existe nenhum momento de produção verdadeiro do sistema de linguagem em si. *Insights* cruciais sobre a linguagem e sobre outros sistemas de significação são, pois, excluídos: a saber, que as linguagens são produzidas (ou diferenciadas), reproduzidas e modificadas pela prática humana socialmente organizada e que não pode haver nenhuma linguagem (exceto uma linguagem morta) sem falantes, e que a linguagem é continuamente disputada em suas palavras, em sua sintaxe e em sua realização discursiva. A fim de recuperar esses *insights*, os estudiosos da cultura que estejam interessados na linguagem têm que sair das tradições semiológicas predominantemente francesas, e voltar a Bakhtin — o filósofo marxista da linguagem — ou recorrer à pesquisa influenciada pelo trabalho de Bernstein ou Halliday.

Leitores nos textos; leitores na sociedade

O elemento mais característico das semiologias mais recentes é a asserção de que elas proporcionam uma teoria da produção de sujeitos. Inicialmente, a asserção estava baseada numa oposição filosófica geral às concepções humanistas de um "eu" ou sujeito simples e unificado, colocado, de forma não problemática, no centro do pensamento, da moral ou da avaliação estética. Este elemento do estruturalismo tinha afinidades com argumentos similares em Marx sobre os sujeitos das ideologias burguesas (especialmente sobre as premissas da economia política) e com a análise, feita por Freud, da contradição da personalidade humana.

A "semiologia avançada" apresenta diversas camadas de teorização da subjetividade, as quais são difíceis de desenredar.[47] Esse conjunto complicado de fusões e enredamentos combinava importantes *insights* com desastres teóricos. O *insight* crucial, para mim, é que as narrativas ou as imagens sempre implicam ou constroem uma posição ou posições a partir das quais elas devem ser lidas ou vistas. Embora o conceito de "posição" continue problemático (trata-se de um conjunto de competências culturais ou, como o termo implica, alguma "sujeição" necessária ao texto?), temos aí um *insight* fascinante, especialmente quando aplicado às imagens visuais e ao filme. Nós temos, agora, uma nova perspectiva a partir da qual podemos analisar o trabalho feito pela câmera: ela não se limita a apresentar um objeto; ela, na verdade, nos posiciona relativamente a ele. Se acrescentamos a isso o argumento de que certos tipos de textos (os textos "realistas") naturalizam os meios pelos quais este posicionamento é atingido, temos um *insight* duplo de grande força. A promessa particular consiste em tornar processos até ali inconscientemente sofridos (e fruídos) abertos à análise explícita.

No contexto de meu próprio argumento, a importância desses *insights* está em que eles propiciam uma forma de *fazer uma conexão* entre, de um lado, a análise das formas textuais e, de outro, a exploração das interseções com as subjetividades dos leitores. Uma análise cuidadosa, elaborada, hierarquizada das posições de leitura oferecidas em um texto (na estrutura narrativa ou nos modos de endereçamento, por exemplo) parece-me o método mais desenvolvido que nós temos, até agora, dentro dos

---

[47] O que segue deve muito à crítica da revista *Screen* ao CCCS feita acima (nota 36).

limites da análise textual. Naturalmente, essas leituras não deveriam ser tomadas como negando outros métodos: a reconstrução dos temas manifestos de um texto, seus momentos denotativos e conotativos, sua problemática ideológica ou seus pressupostos limitadores, suas estratégias metafóricas ou linguísticas. O objeto legítimo de uma identificação de "posições" é constituído pelas *pressões* ou *tendências* das formas subjetivas, pelas "direções" nas quais elas nos movem, sua "força" — uma vez ocupadas as posições. *As dificuldades surgem* — e elas são muito numerosas — *quando se dá como certo que elas foram efetivadas na subjetividades dos leitores, sem formas adicionais e diferentes de análise.*

As fascinações da teoria tornam um tal movimento muito tentador. Mas passar do "leitor no texto" para "o leitor na sociedade" é passar do momento mais abstrato (a análise de formas) para o objeto mais concreto (os leitores reais, tais como eles são constituídos socialmente, historicamente, culturalmente). Isto significa, convenientemente, ignorar — mas não explicitamente como uma abstração racional — uma série enorme de novas determinações ou pressões das quais nós devemos agora dar conta. Em termos disciplinares, nós vamos de um terreno usualmente coberto por abordagens literárias para o terreno mais conhecido das competências históricas ou sociológicas, mas o novo e comum elemento, aqui, é a capacidade para lidar com uma massa de determinações coexistentes, as quais agem em níveis muito diferentes.

Isso nos levaria a uma longa e complicada exploração do momento da "leitura", para testar e avaliar toda a enormidade desse salto.[48] Existe espaço, aqui, apenas

---

[48] Parece haver duas abordagens bem distintas relativamente à leitura ou recepção; uma delas é uma extensão de preocupações literárias, a outra é mais sociológica e com frequência advinda dos estudos da mídia. Penso que o trabalho de Morley nesta área é consistentemente interessante como uma tentativa de combinar alguns elementos de

para enfatizar umas poucas dificuldades em tratar a leitura não como recepção ou assimilação, mas como sendo, ela própria, um ato de produção. Se o texto é o material bruto dessa prática, nós encontramos, outra vez, todos os problemas dos limites textuais. O isolamento de um texto, com vistas a uma análise acadêmica, é uma forma muito específica de leitura. De forma mais cotidiana, os textos são promiscuamente encontrados; eles caem sobre nós de todas as direções, através de meios diversificados e coexistentes e em fluxos que têm diferentes ritmos. Na vida cotidiana, os materiais textuais são complexos, múltiplos, sobrepostos, coexistentes, justapostos; em uma palavra, "intertextuais". Se usarmos uma categoria mais ágil como "discurso", para indicar *elementos* que atravessam diferentes textos, podemos dizer que todas as leituras são também interdiscursivas. Nenhuma forma subjetiva atua, jamais, por conta própria. Tampouco podem as *combinações* ser preditas por meios formais ou lógicos, nem mesmo a partir da análise empírica do campo do discurso público, embora, naturalmente, isto possa sugerir hipóteses. As combinações advêm, em vez disso, de lógicas mais particulares — a atividade estruturada da vida, em seus lados objetivos e subjetivos, de leitores ou grupos de leitores: suas localizações sociais, suas histórias, seus interesses subjetivos, seus mundos privados.

O mesmo problema surge se nós considerarmos os instrumentos dessa prática ou os códigos, as competências e as orientações já presentes no interior de um *milieu* social particular. De novo, eles não são previsíveis a partir de textos públicos. Eles pertencem a "culturas" privadas, no sentido em que o termo tem sido comumente utilizado

---

ambos os conjuntos de preocupações, embora eu concorde com sua avaliação de que os pontos de partida iniciais do Centro, especialmente as noções de leituras "hegemônicas", "negociadas" e "alternativas" eram excessivamente cruas. Veja MORLEY, 1980; 1981.

nos Estudos Culturais. Eles são agrupados de acordo com "formas de vida". Eles existem nos *ensembles caóticos* e historicamente sedimentados que Gramsci caracterizou através do conceito de "senso comum". Entretanto, estes devem determinar os resultados de longo e curto prazo de momentos interpelativos particulares ou, como prefiro, as formas das transformações culturais que sempre ocorrem nas leituras.

Tudo isso aponta para a centralidade daquilo que é comumente chamado de "contexto". O contexto determina o significado, as transformações ou a saliência de uma forma subjetiva particular, tanto quanto a própria forma. O contexto inclui os elementos culturais descritos acima, mas também os contextos das situações imediatas (por exemplo, o contexto doméstico do lar) e o contexto ou a conjuntura histórica mais ampla.

Entretanto, qualquer análise ficaria incompleta sem alguma atenção ao próprio ato de leitura e sem uma tentativa de teorizar seus produtos. A ausência de ação por parte do leitor é característica das análises formalistas. Mesmo aqueles teóricos (por exemplo, Brecht, *Tel Quel*, Barthes em *S/Z*) que estão preocupados com a leitura produtiva, desconstrutiva ou crítica atribuem essa capacidade a tipos de texto (por exemplo, "escrevível" em vez de "legível", na terminologia de Barthes) e não, de modo algum, a uma história de leitores reais. Essa ausência da produção no momento da leitura tem um paralelo na atribuição de produtividade a sistemas de significação. Na melhor das hipóteses, atos particulares de leitura são compreendidos como uma repetição de experiências humanas primárias. Exatamente da mesma forma que uma crítica literária mais antiga buscava valores e emoções humanas universais no texto, também os novos formalismos compreendem a leitura como o reviver de mecanismos psicanaliticamente definidos. As análises do olhar do espectador, baseadas na teoria lacaniana da fase do espelho, identificam *alguns* dos modos pelos quais os homens usam imagens de mulheres e se relacionam com heróis.[49] Essas análises *realmente* fazem uma ponte entre o texto e o leitor. Existe uma enorme potencialidade para os Estudos Culturais no uso crítico de categorias freudianas, isto é, tão crítico quanto se tornou (ou está se tornando) o uso de categorias marxistas. Entretanto, os usos atuais frequentemente fazem uma ponte entre o texto e o leitor a um custo: a simplificação radical do sujeito social, reduzindo-o a necessidades originais, nuas, infantis. É difícil, desse modo, especificar todos os domínios de diferença que se deseja apreender, incluindo, surpreendentemente, o gênero. Na pior da hipóteses, as implicações sobre sujeitos reais resumem-se a uns poucos universais, exatamente da mesma forma que, agora, são apenas uns poucos elementos básicos do texto que nos interessam. Existem limites claros em um procedimento que descobre — em fenômenos de resto variados — os mesmos velhos mecanismos produzindo os mesmos velhos efeitos.

Uma ausência nessas análises é uma tentativa de descrever mais elaboradamente as formas superficiais — os fluxos da fala interior e da narrativa — que são o aspecto mais empiricamente óbvio da subjetividade. Será possível que se pense que é humanista prestar atenção à consciência dessa forma? Mas somos todos nós (não somos?) usuários contínuos, cheios de recursos e absolutamente frenéticos de narrativas e imagens? E esses usos ocorrem, em parte, dentro da cabeça, no mundo imaginativo ou ideal que nos acompanha em todas as ações. As narrativas não têm como único efeito o de nos posicionar. Usamos estórias realistas sobre o futuro para preparar ou planejar, representando, por antecipação, eventos perigosos ou prazerosos. Usamos formas ficcionais ou fantásticas como forma de fuga ou escapismo. Contamos

---

[49] Veja a famosa análise em termos de "escopofilia", em MULVEY, 1975.

estórias sobre o passado, na forma de memória, que constroem versões de quem nós atualmente somos. Talvez tudo isso esteja simplesmente pressuposto nas análises formalistas; trazê-las para o plano frontal parece, entretanto, ter importantes implicações,[50] tornando possível recuperar os elementos de autoprodução nas teorias da subjetividade. Isto sugere que, antes que possamos avaliar a produtividade de novas interpelações ou antecipar sua popularidade, precisamos reconhecer quais estórias já estão em ação.

Tudo isso envolve um movimento para além daquilo que parece ser um pressuposto formalista subjacente: o pressuposto de que os leitores reais são apagados (como se apaga um quadro-negro) a cada encontro textual, para serem posicionados ou liberados (como se fossem um quadro-negro "limpo") pela próxima interpelação. As revisões pós-estruturalistas que enfatizam a produtividade contínua da linguagem ou do discurso como processo não ajudam, necessariamente, em nada, aqui, porque não está absolutamente claro o que toda essa produtividade realmente produz. Não existe, aqui, nenhuma teoria real da subjetividade, em parte porque o *explanandum*, o "objeto" dessa teoria, ainda precisa ser especificado. Em particular, não existe nenhuma análise do sequenciamento ou da continuidade das autoidentidades de um momento discursivo para o seguinte, do modo que uma re-teorização da memória em termos discursivos permitiria. Uma vez que não existe nenhuma análise das continuidades ou daquilo que permanece constante ou acumulativo, não existe nenhuma análise das mudanças estruturais ou dos rearranjos maiores de um sentido do eu, especialmente na vida adulta. Estas

---

[50] É significativo, por exemplo, que Barthes não mencione a narrativa "interna" em sua análise da onipresença da forma narrativa (BARTHES, 1977). Esta ausência sugeriria uma dificuldade estruturalista mais ampla com a fala interior?

transformações estão sempre, implicitamente, referidas a formas textuais "externas", como por exemplo, textos revolucionários ou poéticos — em geral, formas de literatura. Não existe nenhuma análise daquilo que predispõe o leitor a usar esses textos produtivamente ou de quais condições, além daquelas das próprias formas textuais, contribuem para conjunturas revolucionárias em suas dimensões subjetivas. De forma similar, com uma tal carga colocada sobre o texto, não existe nenhuma análise de como alguns leitores (incluindo presumidamente os analistas) podem usar os textos convencionais ou realistas de forma crítica. Acima de tudo, não existe nenhuma análise daquilo que eu chamaria de "aspectos subjetivos da luta", nenhuma análise de como existe um momento no fluxo subjetivo no qual os sujeitos sociais (individuais ou coletivos) produzem narrativas sobre quem eles são como agentes políticos conscientes, isto é, como eles se constituem a si mesmos politicamente. Perguntar por uma tal teoria não significa negar os principais **insights** estruturalistas ou pós-estruturalistas: os sujeitos são contraditórios, fragmentados, produzidos, estão "em processo". Mas os seres humanos e os movimentos sociais também se esforçam para produzir alguma coerência e continuidade e, através disso, exercer algum controle sobre os sentimentos, as condições e os destinos.

É isto que quero dizer com uma análise "pós-pós--estruturalista" da subjetividade. Isto envolve retornar a algumas questões mais antigas, mas reformuladas — sobre luta, "unidade" e a produção de uma vontade política. Envolve aceitar os *insights* estruturalistas como uma formulação do problema, quer estejamos falando dos nossos próprios eus fragmentados, quer da fragmentação objetiva e subjetiva dos possíveis argumentos políticos; mas também envolve levar a sério aquilo que me parece ser a indicação teórica mais interessante: a noção de uma autoprodução discursiva dos sujeitos, especialmente na forma de histórias e memórias.[51]

Análises sociais — lógica e história

Espero que a lógica de nosso terceiro conjunto de abordagens, as quais se focalizam na "cultura vivida", já esteja clara. Para recapitular, o problema consiste em saber como apreender os momentos mais *concretos* e mais *privados* da circulação cultural. Isso coloca dois tipos de pressão. O primeiro vai na direção de métodos que possam detalhar, recompor e representar conjuntos complexos de elementos discursivos e não discursivos tais como eles aparecem na vida de grupos sociais particulares. O segundo vai na direção de uma "análise social" ou de uma busca ativa de elementos culturais que não aparecem na esfera pública ou que aparecem apenas de forma abstrata e transformada. Naturalmente, os estudiosos da cultura têm acesso às formas privadas através de suas próprias experiências e de seus próprios mundos sociais. Este é um recurso contínuo, tanto mais se ele for conscientemente especificado e se sua relatividade for reconhecida. Na verdade, uma autocrítica cultural deste tipo é a condição indispensável para se evitar as formas ideológicas mais grosseiras de estudo cultural.[52] Mas a primeira lição, aqui,

---

[51] As ideias dos últimos parágrafos estão ainda em vias de ser trabalhadas no Grupo de Memória Popular do CCCS. Para algumas considerações preliminares sobre o caráter dos textos oral-históricos, veja Popular Memory Group, "Popular memory: theory, politics, method". In: CCCS, *Making histories*. Considero alguns dos ensaios em BERTAUX, 1981, úteis para serem discutidos, especialmente HANKISS, 1981.

[52] Alguns dos melhores e mais influentes trabalhos em Estudos Culturais têm sido baseados na experiência pessoal e na memória privada. O livro *The uses of literacy*, de Hoggart, é o exemplo mais celebrado, mas, em geral, os estudiosos da cultura deveriam ter a coragem de usar mais sua experiência pessoal — de forma mais explícita e mais sistemática. Neste sentido, os Estudos Culturais constituem uma forma elevada e diferenciada das atividades e da vida cotidiana. As atividades

é a do reconhecimento de *diferenças culturais importantes*, especialmente as que atravessam aquelas relações sociais nas quais o poder, a dependência e a desigualdade estejam mais em jogo. Existem perigos, pois, no uso de um autoconhecimento individual ou (limitado) coletivo, no qual os limites e sua representatividade não estejam mapeados, e no qual seus outros lados — comumente os lados da falta de poder — sejam simplesmente desconhecidos. Isto continua uma justificação para formas de estudo cultural que tomem os níveis culturais de outros (frequentemente os lados inversos de nosso próprio) como o objeto principal.

Temos que manter um olhar inquieto sobre as linhagens históricas e as atuais ortodoxias daquilo que é, algumas vezes, chamado de "etnografia" — a prática de representação das culturas dos outros. A prática, tal como a palavra, já amplia a distância social e constrói relações de "conhecimento-como-poder". "Estudar" formas culturais é já diferir de uma ocupação mais implícita da cultura, que é a principal forma de "senso comum" em *todos* os grupos sociais. (E quero dizer *todos* os grupos sociais — os "intelectuais" podem ser ótimos em descrever os pressupostos implícitos de *outras* pessoas, mas são tão "implícitos" quanto quaisquer outros quando se trata de seus próprios pressupostos).

Em particular, os anos iniciais da pesquisa da "Nova Esquerda" — os anos 40 e 50 e início dos anos 60 — envolviam um novo conjunto de relações entre os sujeitos e os objetos da pesquisa, especialmente ao longo de relações de classe.[53] Os movimentos intelectuais associados

---

coletivas deste tipo, ao tentar compreender não apenas as experiências "comuns" (partilhadas) mas as diversidades e antagonismos reais, são especialmente importantes, se elas puderem ser administradas e se estiverem sujeitas às advertências que se seguem.

[53] Isto é argumentado de forma convincente por Jones, 1982.

com o feminismo e o trabalho de alguns intelectuais negros têm transformado (mas não abolido) também essas divisões sociais. Experimentos em autoria baseada na comunidade têm também, dentro de limites, estabelecido novas relações sociais de produção cultural e de publicação.[54] Mesmo assim, parece prudente suspeitar não necessariamente dessas práticas em si, mas de todas as análises delas que tentem minimizar os riscos e as responsabilidades políticas envolvidas ou resolver, de forma mágica, as divisões sociais remanescentes. Uma vez que as relações sociais fundamentais não foram transformadas, a análise social tende, constantemente, a retornar às suas velhas ancoragens, patologizando as culturas subordinadas, normalizando os modos dominantes, ajudando, na melhor das hipóteses, a construir reputações acadêmicas sem retornos proporcionais àquelas pessoas e àqueles grupos que são representados. Além da posição política básica (de que lado estão os pesquisadores?), muito depende das formas teóricas específicas de trabalho, muito depende do tipo de etnografia.

Limites da "experiência"

Parece haver uma estreita associação entre, de um lado, etnografias (ou histórias) baseadas numa atitude de simpatia para com a cultura estudada e, de outro, modelos empiristas ou "expressivos" de cultura. A pressão vai no sentido de representar as culturas vividas como formas autênticas de vida e de defendê-las contra o ridículo ou a condescendência. As pesquisas desse tipo têm sido frequentemente usadas para criticar as representações dominantes, especialmente aquelas que têm influência

---

[54] Veja MORLEY e WORPOLE, 1982. Para uma visão crítica e mais externa, veja "Popular memory" em *Making Histories*. Também instrutivo é o debate entre Ken Worpole, Stephen Yeo e Gerry White Samuel, 1981.

sobre as políticas públicas. As pesquisadoras têm frequentemente feito um trabalho de mediação entre o mundo operário privado (muitas vezes o mundo de sua própria infância) e as definições — com seu viés de classe média — de esfera pública. Uma forma muito comum de defender as culturas subordinadas é a prática de enfatizar os laços entre os lados subjetivos e objetivos das práticas populares. A cultura operária tem sido vista como a expressão autêntica de condições proletárias, talvez a única expressão possível. Essa relação ou identidade tem, às vezes, sido fundamentada em antigos pressupostos marxistas sobre a consciência da classe operária. Um conjunto similar de pressupostos baseia-se em alguns escritos feministas sobre a cultura, os quais retratam e celebram um mundo cultural feminino e distinto que seria o reflexo da condição feminina. O termo que mais comumente marca este quadro de referência teórico é "experiência", com sua característica fusão de aspectos objetivos e subjetivos.

Esses quadros de referências produzem grandes dificuldades, inclusive para as próprias pesquisadoras. A análise secundária e a re-presentação serão sempre problemáticas ou invasivas se as formas culturais "espontâneas" forem vistas como a forma necessária ou completa de conhecimento social. A única prática legítima, neste quadro de referência, consiste em representar, de alguma forma em seus próprios termos, um segmento não mediado da própria experiência autêntica.

Existe também uma pressão sistemática para que as culturas vividas sejam apresentadas, primariamente, em termos de homogeneidade e distinção. Essa pressão teórica, em concepções tais como "modo global de vida", torna-se surpreendentemente clara quando se consideram questões de nacionalismo e racismo. Existe uma incômoda convergência entre descrições "críticas" mas românticas da "cultura da classe operária" e noções que supõem a existência de uma "identidade inglesa" comum ou de uma etnia branca. Também aqui encontramos o termo "modo de vida", utilizado como se as "culturas" fossem blocos de significado carregados sempre pelo mesmo conjunto de pessoas. Na etnografia de esquerda, o termo tem sido frequentemente associado com uma sub-representação de relações que não sejam de classe e com fragmentações no interior das classes sociais.[55]

A principal ausência no interior das teorias expressivas é a atenção aos meios de significação como uma determinação cultural específica. Não existe melhor exemplo de divórcio entre a análise formal e os "estudos concretos" do que a raridade da análise linguística no trabalho histórico ou etnográfico. Tal como boa parte da análise estruturalista, pois, as etnografias frequentemente trabalham com uma versão truncada de nosso circuito; mas o que está ausente, aqui, é todo o arco das formas "públicas". Enfatizam-se, assim, a criatividade das formas privadas e a contínua produtividade cultural da vida cotidiana, mas não sua dependência dos materiais e modos de produção pública. Metodologicamente, as virtudes da abstração são evitadas, de modo que os elementos separados (ou separáveis) das culturas vividas não são deslindados e sua complexidade real (em contraste com sua "unidade essencial") não é reconhecida.

A melhor etnografia

Não quero dar a entender que esta forma de estudo cultural esteja intrinsecamente comprometida. Pelo contrário, tento vê-la como a forma privilegiada de análise, tanto intelectualmente quanto politicamente. Talvez isto fique claro ao revisarmos, de forma breve, alguns

---

[55] Alguns dos trabalhos do CCCS não estão isentos desta dificuldade. Algumas destas críticas aplicam-se, por exemplo, a *Resistance through rituals*, especialmente a partes das sínteses teóricas.

aspectos dos melhores estudos etnográficos feitos no centro de Birmingham.[56]

Estes estudos têm utilizado a abstração e a descrição formal para identificar elementos cruciais em um *ensemble* cultural vivido. As culturas são lidas "textualmente". Mas elas também têm sido vistas através de uma reconstrução da posição social dos usuários. Existe uma grande diferença, aqui, entre uma "etnografia estrutural" e uma abordagem mais etnometodológica, preocupada exclusivamente com o nível do significado, e em geral, no interior de um quadro de referência individualista. Essa é uma das razões, por exemplo, pelas quais o trabalho feminista do Centro tem estado tão preocupado com a teorização da posição das mulheres quanto com "falar com as garotas". Temos tentado combinar a análise cultural com uma sociologia estrutural (às vezes demasiadamente generalizada) centrada no gênero, na classe e na raça.

A característica mais distintiva é constituída pelas conexões feitas entre *ensembles* culturais vividos e formas públicas. Tipicamente, os estudos têm se preocupado com a apropriação de elementos da cultura de massa e sua transformação de acordo com as necessidades e a lógica cultural dos grupos sociais. Os estudos sobre a contribuição das formas culturais de massa (música popular, moda, drogas, ou motocicletas) para os estilos subculturais, sobre a utilização das formas culturais populares pelas garotas e sobre a resistência dos garotos ao conhecimento e à autoridade da escola são exemplos disso. Em outras palavras, os melhores estudos da cultura

---

[56] O que segue se baseia, de uma forma talvez demasiadamente sintética, nos trabalhos de Paul Willis, Angela McRobbie, Dick Hebdige, Christine Griffin e Dorothy Hobson e em discussões com outros pesquisadores etnográficos do Centro. Veja, especialmente, Willis, 1977; 1978; McRobbie, 1979; Griffin, *CCCS Stencilled Papers 69* e *70*. Para uma discussão bastante rara sobre método nesta área, veja Willis, 1980

vivida, são também, necessariamente, estudos de "leitura". É desse ponto de vista — o da interseção entre formas públicas e privadas — que temos a melhor oportunidade de responder aos dois conjuntos centrais de questões às quais os Estudos Culturais, de forma correta, continuamente retornam.

O primeiro conjunto diz respeito ao prazer da "popularidade" e ao *valor de uso* das formas culturais. Por que algumas formas subjetivas adquirem uma força popular, tornando-se princípios de vida? Quais são os *diferentes* modos através dos quais as formas subjetivas são ocupadas — ludicamente ou numa profunda seriedade, através da fantasia ou em acordo racional, porque se trata da coisa a fazer ou da coisa a não fazer?

O segundo conjunto de questões diz respeito aos *resultados* das formas culturais. Tendem essas formas culturais a reproduzir as formas existentes de subordinação ou opressão? Elas satisfazem ou contêm ambições sociais, definindo os desejos de forma muito modesta? Ou são elas formas que permitem um questionamento das relações existentes e sua superação em termos de desejo? Elas apontam para arranjos sociais alternativos? Julgamentos como esses não podem ser feitos com base na análise apenas das condições de produção ou dos textos; eles terão melhores respostas depois que tivermos descrito uma forma social diretamente através do circuito de suas transformações e tivermos feito algum esforço para colocá-la no interior de todo o contexto de relações de hegemonia no interior da sociedade.

Futuras formas dos Estudos Culturais: direções

Meu argumento tem sido o de que existem três modelos principais de pesquisas em Estudos Culturais: estudos baseados na produção, estudos baseados no texto e estudos baseados nas culturas vividas. Essa divisão conforma-se às manifestações principais dos circuitos culturais, mas inibe — de formas importantes — o desenvolvimento de nossas compreensões. Cada abordagem tem uma racionalidade própria relativamente àquele momento que ela tem mais estritamente em vista, mas ela é, muito evidentemente, inadequada ou até mesmo "ideológica", como uma descrição do todo. Entretanto, cada abordagem também implica uma visão diferente da política cultural. Os estudos baseados na produção implicam uma luta para controlar ou transformar os mais poderosos meios de produção cultural ou para desenvolver meios alternativos pelos quais estratégias contra-hegemônicas poderiam ser buscadas. Esses discursos são, em geral, dirigidos a reformadores institucionais ou a partidos políticos de esquerda. Os estudos baseados no texto, ao se focalizarem nas formas dos produtos culturais, têm, em geral, se preocupado com as possibilidades de uma prática cultural transformativa. Eles têm se dirigido, mais frequentemente, aos praticantes de vanguarda, aos críticos e aos professores. Essas abordagens têm atraído, especialmente, educadores profissionais em faculdades ou escolas, porque os conhecimentos apropriados à prática crítica têm sido adaptados (não sem problemas) a um conhecimento apropriado a leitores críticos. Finalmente, a pesquisa das culturas vividas tem estado estreitamente associada com uma política da "representação", apoiando as formas vividas dos grupos sociais subordinados e criticando as formas públicas dominantes à luz de sabedorias ocultas. Este trabalho pode, inclusive, aspirar a contribuir para tornar hegemônicas culturas que são comumente privatizadas, estigmatizadas ou silenciadas.

É importante enfatizar que o circuito não foi apresentado como uma descrição adequada de processos culturais ou mesmo de formas culturais elementares. Não se trata de um conjunto completo de abstrações em relação às quais toda abordagem parcial possa ser julgada. Não constitui, portanto, uma estratégia adequada para o futuro a operação de simplesmente adicionar os três conjuntos de abordagens, usando cada uma em seu respectivo momento. Isso não funcionaria sem que houvesse transformações em cada abordagem e talvez em nosso pensamento sobre os "momentos". Por um lado, existem algumas incompatibilidades teóricas reais entre as abordagens; de outro, as ambições de muitos projetos já são bastante grandes! É importante reconhecer que cada aspecto tem uma vida própria, a fim de evitar reduções, mas, depois disso, pode ser mais transformativo repensar cada momento à luz dos outros, importando — para outro momento — objetos e métodos de estudo comumente desenvolvidos em relação a um determinado momento. Embora separados, os momentos não são, na verdade, autocontidos; precisamos, portanto, analisar aquilo que Marx teria chamado de "conexões internas" e "identidades reais" entre eles.

Aquelas pessoas preocupadas com estudos de produção precisam examinar mais de perto, por exemplo, as condições especificamente culturais de produção. Isto incluiria as questões semiológicas mais formais sobre os códigos e as convenções nos quais se baseia, digamos, um programa de televisão e as formas pelas quais ele os retrabalha. Teria que incluir também uma gama mais ampla de materiais discursivos — problemáticas e temas ideológicos — que pertencem a uma conjuntura social e política mais ampla. Mas já no momento da produção, nós esperaríamos encontrar relações mais ou menos íntimas com a cultura vivida de grupos sociais particulares, nem que seja apenas a dos produtores. Os elementos discursivos ideológicos seriam usados e transformados também a partir daí. Digo "já", uma vez que no estudo do momento da produção podemos antecipar os outros aspectos do processo mais amplo e preparar o terreno para uma análise mais adequada. De forma similar, precisamos desenvolver, além disso, modos de estudos textuais que se articulem com as perspectivas da produção e da leitura. Pode muito bem ocorrer, no contexto italiano, onde tradições semiológicas e literárias são tão fortes, que essas sejam as transformações mais importantes. É possível procurar por sinais do processo de produção em um texto: esta é apenas uma das maneiras úteis de transformar a preocupação bastante improdutiva com o "viés" que ainda dominava a discussão sobre os meios "factuais". É também possível ler os textos como formas de representação desde que se compreenda que estamos sempre analisando a representação de uma representação. O primeiro objeto, aquele que é representado no texto, não é um evento ou um fato objetivo: ele vem com significados que lhe foram atribuídos a partir de alguma outra prática social. Desta forma, é possível considerar a relação, se é que existe alguma, entre os códigos e as convenções características de um grupo social e as formas pelas quais eles são representados em uma telenovela ou em uma comédia. Isto não constitui um exercício apenas acadêmico, uma vez que é essencial se ter uma análise desse tipo para ajudar a estabelecer a importância do texto para este grupo ou para outros grupos. Não há por que abandonar formas existentes de análise textual, mas estas têm que ser adaptadas ao estudo das práticas reais de leitura dos diferentes públicos, em vez de substituí-los. Parece haver, aqui, duas principais exigências. Em primeiro lugar, a leitura formal de um texto tem que ser tão aberta ou tão multiestratificada quanto possível, identificando, certamente, posições preferidas ou quadros de referência preferenciais, mas também leituras alternativas e quadros de referência subordinados, mesmo que esses possam ser discernidos apenas como fragmentos ou como contradições nas formas dominantes. Em segundo lugar, os analistas precisam abandonar, de uma vez por todas, os dois modelos principais de leitor crítico: a leitura primariamente avaliativa (trata-se de um bom texto ou de um mau texto?) e a aspiração da análise textual a ser uma "ciência objetiva". O problema com ambos os modelos é que, ao des-relativizar nossos atos de leitura, eles afastam de nossa consideração autoconsciente (mas não como uma presença ativa) nosso conhecimento de senso comum de contextos culturais e de possíveis leituras mais amplas. Já observei as dificuldades aqui existentes, mas quero enfatizar a indispensabilidade desse recurso. As dificuldades são mais bem enfrentadas, mas não totalmente superadas, quando "o analista" é um grupo. Muitos de meus momentos mais educativos nos Estudos Culturais têm vindo desses diálogos internos em grupo, sobre as leituras de textos ao longo, por exemplo, de experiências de gênero. Isso não significa negar a disciplina real de uma leitura *detalhada*, no sentido de cuidadosa, mas não no sentido de *confinada*.

Finalmente, aquelas pessoas preocupadas com a descrição cultural concreta não podem se permitir ignorar a presença de estruturas textuais e de formas particulares de organização discursiva. Em particular, precisamos saber o que distingue as formas culturais privadas — em seus modos básicos de organização — das formas públicas. Nós poderíamos, desta forma, ser capazes de especificar linguisticamente, por exemplo, a relação diferencial de grupos sociais com os diferentes meios e os processos reais de leitura que estão envolvidos.

Naturalmente, a transformação de determinadas abordagens terá efeitos sobre outras. Se a análise linguística levar em conta as determinações históricas, por exemplo, ou nos fornecer formas de analisar as operações de poder, a divisão entre os estudos da linguagem e os relatos concretos será rompida. Isso vale também para a política que lhe está associada. Existem, no momento, poucas áreas tão bloqueadas pelo desacordo e pela incompreensão quanto a relação entre, de um lado, os teóricos e os praticantes de vanguarda das artes e, de outro, aquelas pessoas interessadas em uma iniciação mais de base através das artes comunitárias, da escrita operária, da escrita feminina e assim por diante. De forma similar, é difícil dar uma ideia de quão mecânica, quão inconsciente das dimensões culturais continua a ser a política da maior parte das frações de esquerda. Se estou correto no meu argumento de que as teorias estão relacionadas a pontos de vista, estamos falando não apenas de desenvolvimentos teóricos, mas também de algumas das condições para alianças políticas eficazes.

Referências

ADORNO, T. e HORKHEIMER, M. *Dialects of enlightnement*. Allen Lane, 1973.

ADORNO, T. On the fetish character of music and the regression of listening. In: ARATO, A. e GEBHARDT, E. (orgs.). *Frankfurt school reader*. Maxwell, 1978.

BARTHES, R. Introduction to the structural analysis of narratives. In: HEATH, Stephen (org.). *Barthes on image, music, text*. Fontana, 1977.

BARTHES, R. *Mythologies*. Paladin, 1973.

BENJAMIN, B. The work of art in an age of mechanical reproduction. In: *Illuminations*. Fontana, 1973.

BENNETT, T. et al. (orgs.). *Popular television and film*. BH/Open University, 1981.

BENNETT, T. *Formalism and marxism*. Methuen, 1979.

BENNETT, T. James Bond as popular hero. *Oxford popular culture course unit*, unit 21, block 5.

BENNETT, T. Text and social process: the case of James Bond. *Screen education*, 41, 1982.

BERTAUX, B. Biography and Society: *The life history approach in the social sciences*. Sage, 1981.

BRADLEY, D. Introduction to the cultural study of music. *CCCS Stencilled Paper*, 61.

CCCS Education Group.*Unpopular education: schooling and social democracy in england since* 1944. Hutchinson, 1981.

CCCS Media Group. Fighting over peace: representations of the Campaign for Nuclear Disarmament in the media. *CCCS Stencilled Paper, 72*.

CCCS Women's Study Group.*Women take Issue*. Hutchinson, 1978.

CCCS. Fighting over peace: representations of CND in the media. *CCCS Stencilled Paper, 72*.

CCCS. *The empire strikes back*. Hutchinson, 1982.

CLARK, J., CRITCHER, C. e JOHNSON, R. (orgs.). *Working class culture*. Hutchinson, 1979.

COHEN, S. e YOUNG, J. (orgs.). *The manufacture of news*. Constable, 1973.

CONNELL, I. Monopoly capitalism and the media: definitions and struggles. In: HIBBIN, S. (org.). *Politics, ideology and the State*. Lawrence & Wishart, 1978.

CONNELL, M. *Reading and romance*. Dissertação de Mestrado inédita. University of Birmingham, 1981.

COWARD, R. e ELLIS, J. *Language and materialism: developments in semiology and the theory of the subject*. Routledge and Kegan Paul, 1977.

ELLIOTT, P. *The making of a television series: a case study in the sociology of culture*. Constable/Sage, 1972.

ENGLISH STUDIES GROUP.Recent developments. In: CLARK, J. *et al. Culture, media, language*. Hutchinson, 1980.

FOWLER, R. *et al. Language and control*. Routledge and Kegan Paul, 1979.

FRYE, N. *Anatomy of criticism*. Princeton University Press, 1957.

GILROY, P. Police and thieves. In: CCCS. *The empire strikes back*. Hutchinson, 1982.

GLASGOW UNIVERSITY MEDIA GROUP. *Bad news*. Routledge & Kegan Paul, 1976.

GOLDING, G. e MURDOCK, P. Ideology and the mass media: the question of determination. In: BARRETT *et al.* (orgs.). *Ideology and cultural production*.

GRIFFIN, C. *CCCS Stencilled Papers, 69* e *70*.

GRIFFIN, C. Cultures of feminity: romance revisited. *CCCS Stencilled Paper, 69*.

HABERMAS, J. *Strukturwandel der ogentlichkeit*. Neuweid, Berlin, 1962.

HALL, L. e McLENNAN, G. Politics and ideology: Gramsci. In: CCCS. *On ideology*. Hutchinson, 1978.

HALL, S. Cultural studies: two paradigms. *Media, culture and society*, 2, 1980.

HALL, S. e JACQUES, M. (orgs.). *The politics of thatcherism*. Lawrence and Wishart/Marxism Today, 1983.

HALL, S. Encoding/decoding. In: S. Hall *et al*. *Culture, media, language*. Hutchinson, 1980.

HALL, S. *et al*. Policing the crisis: *'mugging', the state and law and order*. Macmillan, 1978.

HALL, S. Some paradigms in cultural studies. *Anglistica*, 1978.

HALL, S., HOBSON, D., LOWE, A. e WILLIS, P. (orgs.). *Culture, media and language*. Hutchinson, 1980.

HANKISS, A. Ontologies of the self: on the mythological rearranging of one's life history. In: BERTAUX, B. *Biography and society: the life history approach in the social sciences*. Sage, 1981.

HARRISON, R. Shirley: romance and relations of dependence. In: CCCS Women's Studies Group.*Women take issue*. Hutchinson, 1978.

HARVEY, S. *May 1968 and film culture*. BFI, 1980.

HEBDIGE, D. *Subculture*. Routledge, 1979.

HOBSON, D. Housewives: isolation as oppression. In: CCCS Women's Study Group.*Women take issue*. Hutchinson, 1978.

HOBSON, R. *Crossroads*. Methuen, 1982.

HOGGART, R. *The uses of literacy*. Penguin Books, 1958.

JAMESON, F. *The political unconscious: narrative as a socially--symbolic act*. Methuen, 1981.

JOHNSON, R. Reading for the best Marx: history-writing and historical abstraction. In: CCCS, *Making histories: studies in history--writing and politics*. Hutchinson, 1982.

JOHNSON, R. Histories of culture/theories of ideology: notes on an impasse. In: Barrett *et al*. (orgs.). *Ideology and cultural production*. Croom Helm, 1979.

JONES, P. Organic Intellectuals and the Generation of English Cultural Studies. *Thesis eleven*, 5/6, 1982.

KRESS, G. (org.). *Halliday: system and function in language*. Oxford University Press, 1976.

LARRAIN, J. *Marxism and ideology*. Macmillan, 1983.

LARRAIN, J. *The concept of ideology*. Hutchinson, 1979.

MAAS, U. Language studies and cultural analysis. Trabalho apresentado na Conferência sobre Linguagem e Estudos Culturais, CCCS, 1982.

MacCABE, C. Realism and the cinema: notes on some Brechtian theses. In: Bennett *et al.* (orgs.). *Popular television and film*. BFI/Open University Press, 1981.

MATTERLART, A. e SIEGELAUB, S. (orgs.). *Communication and class struggle*, v. 2.

McLENNAN, G., MOLINA, V. e PETERS, R. Althusser's theory of ideology. In: CCCS. *On ideology*. Hutchinson, 1978.

McLENNAN, *Methodologies*. In: CCCS, *Making histories: studies in history-writing and politics*. Hutchinson, 1982.

McROBBIE, A. Working girls and femininity. In: CCCS Women's Study Group.*Women take issue*. Hutchinson, 1978.

McROBBIE, A. Settling accounts with sub-cultures. Screen *Education*, 34, 1980.

McROBBIE, R. Working-class girls and feminity. In: CCCS Women's Studies Group.*Women take issue*. Hutchinson, 1978.

METZ, C. The imaginary signifier. *Screen*. 16, 2, 1975.

MICHELE, L. The Royal Wedding. CCCS *Stencilled paper*, no prelo.

MIDDLETON, R. Reading popular music. *Oxford popular culture course unit*, unit 16, block 4. Open University Press, 1981.

MOLINA, V. Marx's arguments about ideology. Tese de Mestrado. University of Birmingham, 1982.

MORLEY, D. e WORPOLE, K. (orgs.). *The republic of letters: working class writing and local publishing*. Comedia, 1982.

MORLEY, D. *The nationwide audience*. BFI, 1980.

MORLEY, D. The nationwide audience: a postcript. *Screen Education*, 39, 1981.

MULVEY, L. Visual pleasure and narrative cinema. *Screen*, 16 (3), 1975.

MURDOCK, G. e GOLDING, P. Capitalism, communication and class relations. In: J. Curran *et al.* (orgs.). *Mass communication and society.* Arnold, 1977.

MURDOCK, G. Large corporations and the control of the communications industries. In: Gurevitch *et al.* (orgs.). *Culture, society and the media.* Methuen, 1982.

NEGT, O. e KLUGE, A. *Offentlichkeit und erfahrung: zur organisationsanalyse von burgerlicher und proletarischer offentlichkeit.* Frankfurst am Main, 1972.

POPULAR MEMORY GROUP. Popular memory: theory, politics, method. In: CCCS, *Making histories.*

SAMUEL, R. (org.). *People's history and socialist theory.* Routledge and Kegan Paul, 1981.

SCHLESINGER, P. *Putting 'reality' together:* BBC News. Constable/Sage, 1978.

THOMPSON, E. P. *A formação da classe operária inglesa.* Rio de Janeiro: Paz e Terra, 1988.

TUNSTALL, J. *Journalists at work.* Constable, 1971.

WILLIAMS, R. *Culture and society.* Penguin Books, 1958.

WILLIAMS, R. Keywords. Fontana, 1976.

WILLIAMS, R. *The long revolution.* Penguin Books, 1961.

WILLIS, P. *Learning to labour.* Saxon House, 1977. (*Aprendendo a ser trabalhador.* Porto Alegre: Artes Médicas, 1991).

WILLIS, P. Notes on method. In: Hall *et al. Culture, media, language.* Hutchinson, 1980.

WILLIS, P. *Profane culture.* Routledge and Kegan Paul, 1978.

WILLIS, P. Shop-floor culture, masculinity and the wage form. In: J. Clarke, C. Critcher e R. Johnson (orgs.). *Working class culture.* Hutchinson, 1979.

WINSHIP, J. Woman becomes an individual: feminity and consumption in women's magazines. *CCCS Stencilled Paper,* 65.

Estudos Culturais: uma introdução

Ana Carolina Escosteguy

Este trabalho tem por objetivo apresentar a tradição dos Estudos Culturais,[1] especialmente para aquelas pessoas que se iniciam no estudo das teorias da comunicação. Assim, é preciso percorrer a trajetória desta tradição, dos seus antecedentes até os contornos que este campo de estudos assume na atualidade. Ressalta-se que, neste momento, esta incursão é apenas brevemente delineada devido ao propósito inicial deste texto, embora estejam indicadas inúmeras referências bibliográficas que servem de pistas para preencher as lacunas deste percurso.

É necessário estabelecer, também, um recorte dentro deste vasto empreendimento diversificado e controverso dos Estudos Culturais. Nossa discussão limita-se a recuperar posições e trabalhos que lidam com a relação cultura/comunicação massiva e, dentro desta, aqueles que enfocam produtos da cultura popular (considerados através da categoria "texto"[2]) e suas audiências.

Se originalmente os Estudos Culturais foram uma invenção britânica, hoje, na sua forma contemporânea, transformaram-se num fenômeno internacional. Os Estudos Culturais não estão mais confinados à Inglaterra nem aos Estados Unidos, espraiando-se para a Austrália,

---

[1] Em geral, neste texto, refiro-me aos Estudos Culturais da tradição britânica.

[2] Os Estudos Culturais difundiram o conceito de "texto" com uma abrangência que vai além das grandes obras, para incluir também a cultura popular e as práticas sociais cotidianas.

Canadá, África, América Latina, entre outros territórios. Isto não significa, no entanto, que exista um corpo fixo de conceitos que possa ser transportado de um lugar para o outro e que opere de forma similar em contextos nacionais ou regionais diversos.[3]

Entretanto, as peculiaridades do contexto histórico britânico, abrangendo da área política ao meio acadêmico, marcaram indelevelmente o surgimento deste movimento teórico-político. Originalmente, na Inglaterra, os Estudos Culturais ressaltaram os nexos existentes entre a investigação e as formações sociais onde aquela se desenvolve, isto é, o contexto cultural onde nos encontramos.[4]

Neste momento, nosso objetivo é esboçar apenas alguns traços de sua trajetória histórica.[5] Em primeiro lu-

---

[3] Sobre a "internacionalização" ou "globalização" dos Estudos Culturais, ver, por exemplo, DURING, 1993; MORLEY e CHEN, 1996; ANG e MORLEY, 1989.

[4] Ver, por exemplo, DAVIES, 1995; ANG e MORLEY, 1989; BARKER e BEEZER, 1994; HALL, HOBSON, LOWE e WILLIS, 1980.

[5] Aponta-se como precursora dos Estudos Culturais uma problemática de estudos conhecida como "Cultura e Sociedade" que surge em torno de 1870, na Inglaterra. Reúne autores tão distintos como Mathew Arnold, John Ruskin e Williams Morris. Entretanto, os três compartilham uma atitude negativa em relação à sociedade moderna. Estigmatizam o século XIX como aquele onde triunfou o "mau gosto" da "sociedade de massa" e a "pobreza de sua cultura". Estes intelectuais, entre outros, se adiantam nas críticas contra as consequências culturais do advento da civilização moderna.

A sociedade vitoriana está naquele momento na vanguarda no que diz respeito ao nascimento das formas culturais vinculadas ao sistema industrial. Já na segunda metade do século XIX se travam as primeiras discussões em torno da regulação de um tipo de atividade como a da publicidade, sendo que foi na Inglaterra que surgiram as primeiras críticas em relação à cultura industrializada. (MATTTELART e NEVEAU, 1997)

No período entre as duas guerras, Frank Raymond Leavis (1895-1978) passa a ser uma figura central na promoção de estudos de literatura inglesa. Funda em 1932 a revista *Scrutiny*, que se converte no centro de uma cruzada moral e cultural contra o embrutecimento praticado pelos meios de comunicação e pela publicidade. O movimento liderado

gar, deve-se acentuar o fato de que os Estudos Culturais devem ser vistos tanto sob ponto de vista político, na tentativa de constituição de um projeto político, quanto sob ponto de vista teórico, isto é, com a intenção de construir um novo campo de estudos. Sob o ponto vista político, os Estudos Culturais podem ser vistos como sinônimo de "correção política",[6] podendo ser identificados como a política cultural dos vários movimentos sociais da época de seu surgimento. Sob a perspectiva teórica, refletem a insatisfação com os limites de algumas disciplinas, propondo, então, a interdisciplinaridade.

"Os Estudos Culturais não configuram uma 'disciplina', mas uma área onde diferentes disciplinas interagem, visando o estudo de aspectos culturais da sociedade" (HALL et al., 1980, p. 7). A área, então, segundo um dos seus promotores, não se constitui numa nova disciplina, mas resulta da insatisfação com algumas disciplinas e seus próprios limites. É um campo de estudos onde diversas disciplinas se intersecionam no estudo de aspectos culturais da sociedade contemporânea.

Em análises que tentam mapear o centro de atenção deste campo, encontramos a seguinte avaliação:

> Os Estudos Culturais constituem um campo interdisciplinar onde certas preocupações e métodos convergem; a utilidade dessa convergência é que ela nos propicia entender fenômenos e relações que não são acessíveis através das disciplinas existentes. Não é, contudo, um campo unificado. (TURNER, 1990, p. 11)

Entretanto, é preciso ressaltar que, na sua fase inicial, os fundadores desta área de pesquisa tentaram não

---

por Leavis propunha a leitura da grande tradição da ficção inglesa como antídoto para atacar a degeneração da cultura. No ensino, adverte-se aos alunos contra a força manipuladora da publicidade e a pobreza linguística da imprensa popular.

Estes movimentos no âmbito da literatura inglesa são vistos enquanto um ambiente propício para o surgimento dos Estudos Culturais.

[6] Adoto, aqui, a observação de JAMESON, Fredric, 1994.

propagar uma definição absoluta e rígida de sua proposta. Nas palavras de Stuart Hall, o órgão de divulgação do Centro — *Working Papers in Cultural Studies*[7] — não deveria preocupar-se em "... ser um veículo que defina o alcance e extensão dos Estudos Culturais de uma forma definitiva ou absoluta. Nós rejeitamos, em resumo, uma definição descritiva ou prescritiva do campo". (HALL, 1980, p. 15)

Este campo de estudos surge, então, de forma organizada, através do Centre for Contemporary Cultural Studies (CCCS), diante da alteração dos valores tradicionais da classe operária da Inglaterra do pós-guerra. Inspirado na sua pesquisa, "As utilizações da cultura" (1957), Richard Hoggart funda, em 1964, o Centro. Este surge ligado ao Departamento de Língua Inglesa da Universidade de Birmingham, constituindo-se num centro de pesquisa de pós-graduação dessa mesma instituição. As relações entre a cultura contemporânea e a sociedade, isto é, suas formas culturais, instituições e práticas culturais, assim como suas relações com a sociedade e as mudanças sociais compõem seu eixo principal de pesquisa.

Na realidade, são três os textos, surgidos no final dos anos 50, que estabeleceram as bases dos Estudos Culturais: Richard Hoggart com *The uses of literacy* (1957), Raymond Williams com *Culture and society* (1958) e E. P. Thompson com *The making of the english working-class* (1963).

O primeiro é, em parte, autobiográfico e, em parte, história cultural do meio do século XX. O segundo constrói um histórico do conceito de cultura, culminando com a ideia de que a "cultura comum ou ordinária" pode ser vista como um modo de vida em condições de igualdade de existência com qualquer outro. E o terceiro reconstrói uma parte da história da sociedade inglesa.

---

[7] Seu primeiro número apareceu em 1972

Interessa, especialmente, para este estudo, a pesquisa realizada por Hoggart[8], através da metodologia qualitativa, na medida em que seu foco de atenção recai sobre materiais culturais, antes desprezados, da cultura popular e dos *mass media*. Esse trabalho inaugura a perspectiva que argumenta que no âmbito popular não existe apenas submissão mas, também, resistência, o que, mais tarde, será recuperado pelos estudos de audiência dos meios massivos.[9] No entanto, o tom nostálgico aflora em relação a uma cultura orgânica da classe trabalhadora.

A contribuição teórica de Williams[10], a partir de *Culture and Society*, é fundamental para os Estudos Culturais. Através de um olhar diferenciado sobre a história literária, ele mostra que a cultura é uma categoria-chave que conecta tanto a análise literária quanto a investigação social. Seu livro **The long revolution** (1962) avança na demonstração da intensidade do debate contemporâneo sobre o impacto cultural dos meios massivos, mostrando um certo pessimismo em relação à cultura popular e aos próprios meios de comunicação de massa.

---

[8] Hoggart nasceu em 1918, passando sua infância em seu meio de origem: o meio operário. No final da II Guerra entra para a docência. Trabalha com formação de adultos do meio operário (*Worker's Education Association*). Influenciado por Leavis e pela revista *Scrutiny*, acaba afastando-se por dedicar-se às culturas populares de um modo mais condescendente. Fundador do Centro (CCCS), hoje se encontra, de certa forma, distante das evoluções político-intelectuais dos Estudos Culturais dos anos noventa.

[9] Aqui, é utilizada a edição portuguesa, *As utilizações da cultura — aspectos da vida cultural da classe trabalhadora*, v. I e II. Lisboa: Editora Presença, 1973.

[10] Williams nasceu no País de Gales (1921-1988), filho de um ferroviário. No final da II Guerra passa a ser tutor na *Oxford University Delegacy for Extra-mural Studies*, devido à sua formação em literatura. A partir de 1958, quando publica *Culture and society*, dá vazão à sua produção intelectual. Sua posição teórica será sintetizada em *Marxism and literature* (1977), quando reivindica a construção de um "materialismo cultural".

É o próprio Stuart Hall quem avalia a importância deste texto:

> Ele mudou toda a base da discussão: de uma definição lítero-moral para uma definição antropológica da cultura. Mas definia a última agora como o "processo inteiro" por meio do qual os significados e definições são socialmente construídos e historicamente transformados, com a literatura e a arte como sendo apenas um tipo de comunicação social — especialmente privilegiado. (HALL e TURNER, 1990, p. 55)

Essa mudança no entendimento de cultura tornou possível o desenvolvimento dos Estudos Culturais.

Em relação à contribuição de Thompson,[11] pode-se dizer que este influencia o desenvolvimento da história social britânica, de dentro da tradição marxista. Para ambos, Williams e Thompson, a cultura era uma rede de práticas e relações que constituíam a vida cotidiana dentro da qual o papel do indivíduo estava em primeiro plano. Mas, de certa forma, Thompson resistia ao entendimento de cultura enquanto uma forma de vida global. No seu lugar, preferia entendê-la enquanto uma luta entre modos de vida diferentes.

Sobre a importante participação de Stuart Hall[12] na formação dos Estudos Culturais, avalia-se que este, ao substituir Hoggart na direção do Centro, de 1969 a 1979, incentivou o desenvolvimento de estudos etnográficos, as análises dos meios massivos e a investigação de práticas

---

[11] Thompson (1924-1993) inicia sua vida como docente de um centro de educação permanente para adultos (WEA). Foi militante do Partido Comunista, mas em 1956 rompe com o partido, convertendo-se num dos fundadores da *New Left Review*.

[12] De origem jamaicana, Hall (1932) deixou a Jamaica em 1951 para prosseguir seus estudos na Inglaterra. Inicia a docência em 1957, numa escola secundária onde os alunos vêm das classes populares. Tem uma forte atuação junto ao meio editorial político-intelectual britânico, como, por exemplo, na *Universities and Left Review* (década 50/60), *Marxism Today* (anos 80), *Sounding* (a partir de 1995), entre outras. A partir de 1979, atua na Open University, em Londres.

de resistência dentro de subculturas. Tem uma abundante produção de artigos, sendo que sua reflexão faz parte da maioria dos *readers* sobre Estudos Culturais, sejam eles publicados pelo próprio Centro ou não.

A proposta original dos Estudos Culturais é considerada por alguns como mais política do que analítica. Embora sustentasse um marco teórico específico — amparado principalmente no marxismo — a história deste campo de estudos está entrelaçada com a trajetória da *New Left*, de alguns movimentos sociais (Worker's Educational Association, *Campaign for Nuclear Disarmament*) e de publicações (entre elas, a *New Left Review*) que surgiram em torno de respostas políticas à esquerda.

Mais tarde, no período pós-68, os Estudos Culturais transformaram-se numa força motriz da cultura intelectual, de esquerda. Assim, enquanto movimento intelectual tiveram um impacto teórico e político que foi além dos muros acadêmicos, pois, na Inglaterra, constituíram-se numa questão de militância e num compromisso com mudanças sociais radicais.

Os deslocamentos necessários

De forma sintética, é preciso apontar as rupturas e incorporações mais importantes que contribuíram na construção da perspectiva teórica e das principais problemáticas desta tradição. Aproximando-se do vasto campo das práticas sociais e dos processos históricos, os Estudos Culturais preocuparam-se, em primeira mão, com os produtos da cultura popular e dos *mass media* que expressavam os rumos da cultura contemporânea.

Tentaram redescobrir outras tradições teóricas sociológicas, deixando de lado o funcionalismo estrutural norte-americano, pois este não dava conta de compreender as temáticas propostas. Acompanhando um movimento de resgate, iniciado dentro mesmo da sociologia (na Inglaterra do período em foco), foram sendo recuperadas, entre outras aproximações, as perspectivas da fenomenologia, da etnometodologia e do interacionismo simbólico.

Do ponto de vista metodológico, a ênfase recaiu, mais tarde, no trabalho qualitativo. Este exerceu uma forte influência na formação dos Estudos Culturais. A escolha por trabalhar etnograficamente deve-se ao fato de que o interesse incide nos valores e sentidos vividos. O estudo etnográfico acentua a importância dos modos pelos quais os atores sociais definem, por si mesmos, as condições em que vivem.[13]

Com a extensão do significado de cultura — de textos e representações para práticas vividas —, considera-se em foco toda produção de sentido. O ponto de partida é a atenção sobre as estruturas sociais (de poder) e o contexto histórico enquanto fatores essenciais para a compreensão da ação dos meios massivos, assim como o deslocamento do sentido de cultura da sua tradição elitista para as práticas cotidianas.

Então, o primeiro deslocamento vai no sentido de uma nova formulação do sentido de cultura:

> Falando de forma ampla, dois passos estavam aqui envolvidos. Em primeiro lugar, o movimento (para dar-lhe uma especificação bem sintética) em direção a uma definição "antropológica" de cultura — como prática cultural; em segundo lugar, o movimento em direção a uma definição mais histórica de prática cultural —, questionando o significado antropológico e sua universalidade por meio dos conceitos de formação social, poder cultural, dominação e regulação, resistência e luta. Esses movimentos não excluíam a análise de textos, mas tratava-os como arquivos, descentrando seu *status* supostamente privilegiado — apenas um tipo de dado, entre outros. (HALL, 1980, p.27)

---

[13] O recorte da investigação das culturas populares e das audiências implementou este tipo de estratégia metodológica. Ver, por exemplo, capítulo sobre etnografia em Hall *et alii*, 1980.

Os Estudos Culturais atribuem à cultura um papel que não é totalmente explicado pelas determinações da esfera econômica. A relação entre o marxismo e os Estudos Culturais inicia-se e desenvolve-se através da crítica de um certo reducionismo e economicismo daquela perspectiva, resultando na contestação do modelo base-superestrutura. A perspectiva marxista contribuiu para os Estudos Culturais no sentido de compreender a cultura na sua "autonomia relativa", isto é, ela não é dependente das relações econômicas, nem seu reflexo, mas tem influência e sofre consequências das relações político-econômicas. Como argumentava Althusser, existem várias forças determinantes — a econômica, a política e a cultural — competindo e em conflito entre si, compondo aquela complexa unidade que é a sociedade.

A questão da relação, em formações sociais definidas, entre práticas culturais e outras práticas, isto é, a relação entre o cultural e o econômico, o político e as instâncias ideológicas, pode ser considerada enquanto um segundo deslocamento importante na construção desta tradição. A contribuição de Althusser neste sentido foi importante:

> Grosseiramente, a inovação importante foi a tentativa de pensar a "unidade" de uma formação social em termos de uma articulação. Isto colocou as questões da "autonomia relativa" do nível cultural-ideológico e num novo conceito de totalidade social: totalidades como estruturas complexas. (HALL, 1980, p. 32)

Outra incorporação, extremamente cara a este campo, diz respeito ao conceito de ideologia, proposto por Althusser. Essa (a ideologia) é vista enquanto "provedora de estruturas de entendimento através das quais os homens interpretam, dão sentido, experienciam e 'vivem' as condições materiais nas quais eles próprios se encontram" (HALL, 1980, p.32). Além disso, a ideologia deve ser examinada "não só na linguagem, nas representações mas, também, nas suas formas materiais — nas instituições e nas práticas sociais através das quais nós organizamos e vivemos nossas vidas" (TURNER, 1990, p. 26).

Nesta primeira etapa dos Estudos Culturais, ainda plenamente concentrada na Escola de Birmingham, a pesquisa estava delimitada, principalmente, nas seguintes áreas: as subculturas, as condutas desviantes, as sociabilidades operárias, a escola, a música e a linguagem. "É através da conversão mais explícita em problemática dos desafios vinculados à ideologia e aos vetores de um trabalho hegemônico que os meios de comunicação social, especialmente os audiovisuais (aos quais se havia dedicado até o momento um interesse acessório), chegam a ocupar paulatinamente um lugar destacado" (MATTELART e NEVEAU, 1997, p.122) enquanto temática deste campo de estudos.

Discordando do entendimento dos meios de comunicação de massa como simples instrumentos de manipulação e controle da classe dirigente, os Estudos Culturais compreendem os produtos culturais como agentes da reprodução social, acentuando sua natureza complexa, dinâmica e ativa na construção da hegemonia.

Nesta perspectiva, são estudadas as estruturas e os processos através dos quais os meios de comunicação de massa sustentam e reproduzem a estabilidade social e cultural. Entretanto, isto não se produz de forma mecânica, senão se *adaptando* continuamente às pressões e às contradições que emergem da sociedade, e *englobando-as* e *integrando-as* no próprio sistema cultural.

A contribuição de Antonio Gramsci é, aqui, fundamental, pois mostra como a mudança pode ser construída dentro do sistema. A teoria da hegemonia gramsciana pressupõe a conquista do consentimento. O movimento de construção da direção política da sociedade pressupõe complexas interações e empréstimos entre as culturas populares e a cultura hegemônica.

Com isto, o que se quer dizer é que não existe um confronto bipolar e rígido entre as diferentes culturas. Na prática, o que acontece é um sutil jogo de intercâmbios entre elas. Elas não são vistas como exteriores entre si, mas comportando cruzamentos, transações, intersecções. Em determinados momentos, a cultura popular resiste e impugna a cultura hegemônica; em outros, reproduz a concepção de mundo e de vida das classes hegemônicas.

Quanto às linhas de pesquisa implementadas pelos Estudos Culturais, interessa-nos, sobretudo, aquela que se detém sobre o consumo da comunicação de massa enquanto lugar de negociação entre práticas comunicativas extremamente diferenciadas e que será adiante comentada.

É claro que, aqui, relatamos de forma bastante sumária o espectro teórico proposto pelos Estudos Culturais, principalmente na década de 70, isto é, no seu período de afirmação. Referimo-nos apenas a pontos-chave que mostram a influência de diferentes teóricos.

De forma sintética, pode-se entender o Centro de Birmingham, da sua fundação ao início dos anos 80, como foco irradiador de uma plataforma teórica derivada de importações e adaptações de diversas teorias; como promotor de uma abertura a problemáticas antes desconsideradas, tais como as relacionadas às culturas populares e aos meios de comunicação de massa e, mais tarde, a abertura a questões vinculadas às identidades étnicas e sexuais; bem como divulgador de estudos bastante heterogêneos decorrentes da diversidade de referências teóricas, e da pluralidade das temáticas estudadas.

No final dos anos 70 e início dos anos 80, as coisas começam a mudar. Desponta a influência de teóricos franceses como Michel De Certeau, Michel Foucault, Pierre Bourdieu, entre outros. Dá-se a internacionalização dos Estudos Culturais e tornam-se escassas as análises onde as categorias centrais são "luta" e "resistência" e, para alguns analistas, é o início da despolitização dos Estudos Culturais. A prolífica produção de balanços críticos, publicados a partir de 1990, aponta, em alguns casos, para a fragmentação e trivialização deste campo de estudos, embora seja possível detectar tanto aspectos estéreis quanto potencialidades na sua proposta de análise da dinâmica cultural contemporânea.

Contornos da atualidade

É interessante notar as diferenças entre os "primeiros" Estudos Culturais e os dos anos 90. Identifica-se uma primeira fase embrionária que se inicia com os textos precursores, já citados, passando para a instalação do Centro de Birmingham e sua abundante produção até o final dos anos 70 e início dos anos 80, o que poderia se constituir numa etapa de consolidação; e uma terceira fase, de internacionalização, de meados dos anos 80 até os dias de hoje.

No primeiro momento, havia uma forte relação com iniciativas políticas, pois existia uma intenção de compartilhar um projeto político. Pretendia-se, também, uma relação com diversas disciplinas para a observação sistemática da cultura popular, assim como com diversos movimentos sociais.

Já na década de 90, há um relaxamento na vinculação política. O sentido de que se está analisando algo "novo" também não existe mais. Mas, ao contrário do que se possa pensar, existe, sim, uma continuidade, mesmo que fragmentada, nos Estudos Culturais. "É um projeto de pensar através das implicações da extensão do termo 'cultura' para que inclua atividades e significados da gente comum, precisamente esses coletivos excluídos da participação na cultura quando é a definição elitista de cultura a que governa" (BARKER e BEEZER, 1994, p. 12).

Retomando nosso foco de interesse mais específico, a relação cultura/comunicação massiva e, dentro desta, as problemáticas que enfocam as culturas populares e suas estratégias interpretativas, também se observam alterações no decorrer da trajetória dos Estudos Culturais.

No final dos anos 60, a temática da recepção e a densidade dos consumos mediáticos começam a chamar a atenção dos pesquisadores de Birmingham. Este tipo de reflexão acentua-se a partir da divulgação do texto "*Encoding and decoding in television discourse*", de Stuart Hall, publicado pela primeira vez em 1973.[14]

Através de categorias da semiologia articuladas a uma noção marxista de ideologia, Hall insiste na pluralidade, socialmente determinada, das modalidades de recepção dos programas televisivos. Argumenta, também, que podem ser identificadas três posições hipotéticas de interpretação da mensagem televisiva: uma posição "dominante" ou "preferencial", quando o sentido da mensagem é decodificado segundo as referências da sua construção; uma posição "negociada", quando o sentido da mensagem entra "em negociação" com as condições particulares dos receptores; e uma posição de "oposição", quando o receptor entende a proposta dominante da mensagem mas a interpreta segundo uma estrutura de referência alternativa.

> A preocupação com o momento da recepção continua sendo fundamental em relação com duas problemáticas mais amplas. Uma delas abrange o assunto do retorno ao sujeito, a subjetividade e a intersubjetividade, enquanto a outra se interessa pela integração das novas modalidades de relações de poder na problemática da dominação (MATTELART e NEVEAU, 1997, p. 122).

É dessa forma que se produz o encontro, durante os anos 70, com os Estudos Feministas. Estes propiciaram novos questionamentos em torno de questões referentes à identidade, pois introduziram novas variáveis na sua constituição, deixando-se de "ler os processos de construção da identidade unicamente através da cultura de

---

[14] Mais tarde, é a vez de David Morley com "Texts, readers, subjects" (1977-1978).

classe e sua transmissão geracional" (MATTELART e NEVEAU, 1997, p. 123). Mais tarde, acrescentam-se às questões de gênero aquelas que envolvem raça e etnia.

Em relação às pesquisas que envolvem questões de gênero, dentro mesmo do Centro de Birmingham, a publicação coletiva *Women take issue*, de 1978, revela essa disposição. Autoras como Charlotte Brundson, Marion Jordon, Dorothy Hobson, Christine Geraghty e Angela McRobbie reveem suposições do senso comum sobre os meios de comunicação, reivindicando que a audiência, no caso, feminina, tem autoridade sobre suas práticas de leitura.[15]

Na década de 80, definem-se novas modalidades de análise dos meios de comunicação. Multiplicam-se os estudos de recepção dos meios massivos, especialmente no que diz respeito aos programas televisivos.[16] Também há um redirecionamento no que diz respeito aos protocolos de investigação. Estes passam a dar uma atenção crescente ao trabalho etnográfico.

Se até este momento o estatuto de classe ainda centralizava a reflexão sobre a diversidade de percepções nas estratégias interpretativas, ponto postulado inicialmente por Stuart Hall, algumas das pesquisas empíricas dessa época apontavam para a importância do ambiente

---

[15] Outro livro que recupera textos dos anos 80 sobre a mesma temática — audiência feminina e meios massivos — é o organizado por Mary Ellen Brown, *Television and women's culture — the politics of the popular*, Sage, 1990. Esse livro apresenta trabalhos de Dorothy Hobson, Ien Ang, Virginia Nightingale, John Fiske, Andrea L. Press, entre outros.

[16] Considerados "clássicos" entre os estudos de audiência dos Estudos Culturais estão: D. Morley (1980), *The nationwide audience*; do mesmo autor (1986), *Family television: cultural power and domestic leisure*; Dorothy Hobson (1982), *Crossroad: the drama of a soap opera*; David Buckingham (1987), *Public secrets: east enders and its audience*; Ien Ang (1985), *Watching Dallas: soap opera and the melodramatic imagination*; Bob Hodge e David Tripp, (1986) *Children and television: a semiotic approach*; Janice Radway (1987), *Reading the romance: women, patriarchy and popular literature*; John Tulloch e Albert Moran (1986), *Quality soap: a country practice*.

doméstico e das relações dentro da família na formação das leituras diferenciadas.[17]

---

[17] É o caso de D. Morley, entre outros. Ele desenvolveu uma pesquisa denominada *Nationwide*, publicada em 1980. Como continuação deste projeto, desenvolveu *Family television*, trabalho publicado em 1986. *Nationwide* é um estudo de audiência conduzido através de entrevistas em grupo, fora de suas residências, isto é, as pessoas estavam fora do contexto onde normalmente ocorre a assistência da televisão e a produção de significados a partir de seus conteúdos. Em *Family television*, o autor entrevistou famílias em suas próprias casas, pois é nesse contexto que se deve entender as particularidades das respostas individuais a diferentes tipos de programação. Na sua opinião, o ato de ver TV necessita ser entendido dentro da estrutura e da dinâmica do processo doméstico de consumo do qual ele é parte.

Comentando a sequência destes dois estudos, Morley afirma que o ponto central concentra-se em pesquisar formas de recepção ou indiferença: "(...) esta é a questão fundamental a ser explorada mais do que a questão sobre qual interpretação as pessoas farão sobre um tipo dado de programa, se elas forem colocadas numa sala e perguntadas sobre sua interpretação. (...) E é por esta razão que a pertinência ou a projeção sobre diferentes tipos de programas em diferentes membros da família ou membros da família de diferentes escalas sociais foram priorizadas, nesta pesquisa *Family television*, sobre a questão das tendências de fazer leituras ou interpretações oposicionais, negociadas ou dominantes de tipos particulares de programas" (Morley, "Research development: from 'decoding' to viewing context", p. 137).

Metodologicamente, Morley defende que, em primeiro lugar, deve se oferecer uma descrição adequadamente densa das complexidades desta atividade de "assistir TV", e que a perspectiva antropológica e etnográfica são de grande contribuição para alcançar este objetivo.

Sua sugestão é de que os estudos de audiência necessitam "investigar as formas pelas quais uma variedade de meios de comunicação (media) está envolvida na produção da cultura popular e do conhecimento do terreno da vida cotidiana" (Morley, "Towards an ethnography of the television audience", p.195) Além disso, o autor afirma que "(...) o desafio-chave reside na nossa habilidade de construir a audiência tanto como um fenômeno social como semiológico (cultural) e na nossa habilidade de reconhecer a relação entre os telespectadores e a TV, como eles são mediados por determinações cotidianas e pelo envolvimento diário da audiência com todas as outras tecnologias, exercendo um papel na condução e mediação da comunicação cotidiana. É dentro deste extenso campo de estudo que a pesquisa qualitativa de audiência deve agora ser desenvolvida" (MORLEY, "Towards an ethnography of the television audience", p.197).

Retornando às diferenciações entre a fase de consolidação desta tradição e o momento atual, pode-se afirmar que naquela existia uma agenda fundamental que consistia na compreensão das relações entre poder, ideologia e resistência. Naquele período, desejava-se explorar o potencial para a resistência e a significação de classe. Já nos anos 90, a preocupação em recuperar as "leituras negociadas" dos receptores faz com que, de certa forma, se valorize a liberdade individual deste receptor e se subvalorize os efeitos da ordem social:

> O centro de atenção na "resistência", com a implicação de uma oposição momentânea ou estratégica, foi substituído por uma ênfase no exercício do poder cultural como característica contínua da vida cotidiana. Na linguagem do pós-modernismo, poderíamos sugerir que uma intenção de compreender as "narrativas mestras" do conflito político foi substituída por uma disposição a explorar aquelas histórias da produção ordinária de significados menos evidentes — e, na superfície, menos heroicas. (BARKER e BEEZER, 1994, p. 16).

Assim, a agenda original foi se transformando. No seu lugar, os Estudos Culturais assumiram o papel de "testemunha", dando voz aos significados que se fazem aqui e agora. Segundo Baker e Beezer (1994, p.25), os Estudos Culturais mudaram sua base fundamental, de maneira que o conceito de "classe" deixou de ser o conceito crítico central. Na melhor das hipóteses, ele passou a ser uma "variável" entre muitas, mas frequentemente entendido, agora, como um modo de opressão, de pobreza; na pior das hipóteses, ele se dissolveu. Ao mesmo tempo, o centro de atenção principal deslocou-se para questões de subjetividade e identidade e para esses textos culturais e mediáticos que ocupam os domínios privado e doméstico e aos quais se dirigem. Simultaneamente, tem havido um

---

Ver, entre outros textos, MORLEY, D. "Towards an ethnography of the television audience"; "Research development: from 'decoding' to viewing context"; MORLEY, 1992; 1994; 1996a; 1996b; MARK, 1994.

deslocamento para uma metodologia que restringe a interpretação àqueles casos nos quais se vê os participantes capacitados e que tira a atenção das estruturas.

Simon During (1993), na introdução de uma coletânea sobre os Estudos Culturais, avalia que, quando as identidades "classistas" se dissolvem ou são consideradas menos pertinentes pelos pesquisadores, buscam-se outros princípios de construção da identidade, tais como as matrizes da raça e do gênero, buscando-se sua relação com os meios de comunicação e com o consumo. Também Stuart Hall reconhece este redirecionamento no campo dos Estudos Culturais.

Embora as questões em torno da subjetividade e das identidades — temáticas em foco hoje nas análises culturais — tenham muitos aspectos relevantes, existem outros eixos importantes de serem avaliados, na etapa presente dos Estudos Culturais. Entre eles estaria a discussão sobre a pós-modernidade ou a "Nova Era" (em inglês, *New Times* — tal como proposto por Hall), a globalização, a força das migrações e o papel do Estado-nação e da cultura nacional e suas repercussões sobre o processo de construção das identidades. No entanto, estes fogem do propósito deste trabalho de introdução aos Estudos Culturais.

Referências

ANG, Ien e MORLEY, David. "*Mayonnaise* culture and other european follies". Cultural Studies, v. 3, n. 2, 1989, p. 133-144.

BARKER, Martin e BEEZER, Anne. Qué hay en un texto? In Martin Barker e Anne Beezer (orgs.). *Introducción a los estudios culturales*. Barcelona: Bosch Casa Editorial, 1994.

BROWN, Mary Ellen. *Television and women's culture — the politics of the popular*. Londres: Sage, 1990.

CORNER, John. Studying culture: reflections and assessments. An interview with Richard Hoggart. *Media, culture and society*, 13, 1991, p. 137-151.

CHEN, Kuan-Hsing. Post-Marxism: between/beyond critical postmodernism and cultural studies. *Media, culture and society*, 13, 1991, p. 35-51.

CURRAN, James. The new revisionism in mass communication research: A reappraisal. *European journal of communication*, 5, 1990, p. 135-164.

DAVIES, Ioan. *Cultural studies and beyond — fragments of empire*. Londres: Routledge, 1995.

DURING, Simon (org.). Introduction. *The cultural studies reader*, Londres: Routledge, 1993.

GRIMSHAW, R., HOBSON, D., WILLIS, P. Introduction to ethnography at the Centre. In: HALL, S., HOBSON, D., LOWE, A. e WILLIS, P. *Culture, media, language. Working papers in Cultural Studies*, 1972-1979. Londres: Routledge e Centre for Contemporary Cultural Studies/University of Birmingham, 1980.

HALL, Stuart. Cultural studies: two paradigms. *Media, culture and society*, 2 (1), 1980, p. 57-72.

HALL, Stuart. Cultural Studies and the Centre: some problematics and problems. In: HALL, S., HOBSON, D., LOWE, A., e WILLIS, P. *Culture, media, language — working papers in cultural studies*, 1972-1979. Londres: Routledge e Centre for Contemporary Cultural Studies/University of Birmingham, 1980.

HALL, Stuart. Introduction to Media at the Centre. In: HALL, S., HOBSON, D., D., LOWE, A., e WILLIS, P. *Culture, media, language — working papers in Cultural Studies*, 1972-1979. Londres: Routledge e Centre for Contemporary Cultural Studies/University of Birmingham, 1980.

HOBSON, Dorothy. Housewives and the mass media. In: HALL, S., HOBSON, D., D., LOWE, A., e WILLIS, P. *Culture, media, language — working papers in Cultural Studies*, 1972-1979. Londres: Routledge e Centre for Contemporary Cultural Studies/University of Birmingham, 1980.

JAMESON, Frederic. Sobre os estudos de cultura. *Novos Estudos CEBRAP*, 39, 1994, p. 11-48.

JANCOVICH, Mark. David Morley, los estudios de nationwide. In: Martir Barker e Anne Beezer (orgs.). *Introducción a los estudios culturales*. Barcelona: Bosch Casa Editorial, 1994.

KREUTZNER, Gabriele. On doing Cultural Studies in West Germany. *Cultural Studies*, 3 (2), 1989, p. 240-249.

MATTELART, A. e NEVEAU, E. La institucionalización de los estudios de la comunicación. Telos, 49, 1997.

MELLOR, Adrian. Discipline and punish? Cultural studies at the crossroads. *Media, culture and society*, 14, 1992, p. 663-670.

MORLEY, D. Towards an ethnography of the television audience. In: *Television, audiences and Cultural Studies*. Londres: Routledge: p. 173-197.

MORLEY, D. Research development: from 'decoding' to viewing context. In: *Television, audiences and cultural studies*. Londres: Routledge, p. 133-137.

MORLEY, D. Changing paradigms in audience studies. In: Ellen Seiter *et al.* (orgs.). *Remote control — television, audiences and cultural power*. Londres: Routledge.

MORLEY, David. (1980) Texts, readers, subjects. In: In: HALL, S., HOBSON, D., D., LOWE, A., e WILLIS, P. *Culture, media, language — working papers in cultural studies, 1972-1979*. Londres: Routledge e Centre for Contemporary Cultural Studies/University of Birmingham, 1980.

MORLEY, D. Quando il globale incontra il local davanti alla TV. *Problemi dell'Informazione*. Bologna, XVII (2), 1992.

MORLEY, D. *Televisión, audiencias y estudios culturales*. Buenos Aires: Amorrortu, 1996a.

MORLEY, D. EurAm, modernity, reason and alterity: or, postmodernism and cultural studies. In: MORLEY, David e KUAN-HSING, Chen (orgs.). *Stuart hall critical dilogues in cultural studies*. Londres: Routledge, 1996b.

MORLEY, D. e CHEN, Kuan-Hsing. "Introduction". In: MORLEY, D. e CHEN, Kuan-Hsing (orgs.). *Stuart hall — critical dialogues in cultural studies*, Londres: Routledge, 1996.

MURDOCK. G. Communications and the constitution of modernity. *Media, culture and society*, 15, 1993, p. 521-539.

MURDOCK, G. Across the great divide: cultural analysis and the condition of democracy. *Critical studies in mass communication*, 12, 1995, p. 89-95.

TURNER, Graeme. *British Cultural Studies — an introduction.* Boston: Unwin Hyman, 1990.

WILLIS, Paul. Notes on method. In: HALL, S., HOBSON, D., D., LOWE, A., e WILLIS, P. *Culture, media, language — working papers in cultural studies,* 1972-1979. Londres: Routledge e Centre for Contemporary Cultural Studies/University of Birmingham, 1980.

YUDICE, George. O 'estado das artes' dos Estudos Culturais. In: MESSEDER, Carlos A. e ALBERTO, Carlos e FAUSTO, Antonio (orgs.). Comunicação e cultura contemporâneas. Rio de Janeiro: Notrya, 1993.

O *Centre for Contemporary Cultural Studies* da Universidade de Birmingham: uma história intelectual

Norma Schulman

Origens do Centro[1]

Em uma fala inaugural intitulada "Schools of English and Contemporary Society", Richard Hoggart, o primeiro diretor do *Centre for Contemporary Cultural Studies* (CCCS) da Universidade de Birmingham,[2] atacou a estreiteza com a qual a literatura inglesa estava sendo ensinada na Grã-Bretanha e traçou o esboço de uma nova abordagem que ele, provisoriamente, chamou de "Literatura e Estudos Culturais Contemporâneos" — uma abordagem que, argumentava ele, tinha "algo em comum com várias

---

[1] Como observou Stuart Hall, "não existe ainda nenhuma história detalhada ou autorizada da fundação e do desenvolvimento do Centro" (1984a, p. 277). Decidi ancorar este modesto relato das origens e desenvolvimentos do Centro nas percepções (certas ou erradas) das pessoas que fizeram parte do movimento tal como ele se desenvolveu nos últimos 28 ou 29 anos. Tanto por causa da escassez de material publicado de natureza histórica quanto porque acredito que os líderes têm um modo de dar até mesmo ao mais igualitário dos projetos sua direção e tom, baseei-me muito nas observações dos antigos diretores Richard Hoggart, Stuart Hall e Richard Johnson. Gostaria de agradecer as sugestões extremamente úteis dos avaliadores do *Canadian Journal of Communication* que me levaram a uma versão ampliada deste ensaio.

[2] Hoggart foi sucedido por Stuart Hall, que foi o diretor de 1968 a 1979, quando Richard Johnson o substituiu. Jorge Larrain, professor de Sociologia na Universidade de Birmingham, dirige agora o Programa de Estudos Culturais.

das abordagens existentes, mas não era exatamente nenhuma delas" (HOGGART, 1970b, p. 254).

Os Estudos Culturais foram concebidos, desde o início, como um empreendimento interdisciplinar. Formado na crítica literária, cujas virtudes como forma de análise não hesitava muito em exaltar, Hoggart imaginou o projeto dos Estudos Culturais como consistindo de três partes: "uma é aproximadamente histórica e filosófica; outra é, de novo, aproximadamente sociológica; a terceira — a mais importante — é a crítico-literária" (1970b, p. 255).

Foi a afirmação de Hoggart sobre a necessidade de que os Estudos de Língua Inglesa "entrassem em uma relação ativa com seu tempo" que deu a tônica da fala inaugural de um projeto planejado para estudar as práticas culturais em um sentido amplo — um projeto cujas origens Stuart Hall descreveu como marcadas por "precaução e incerteza" (HALL, 1984a, p. 22). Hoggart e o projeto dos Estudos Culturais em geral visavam, de forma implícita, um adversário específico: a proverbial e elitista escola de pensamento cultural inglesa, que argumentava em favor de uma separação entre a alta cultura e a vida "real", entre o passado histórico e o mundo contemporâneo, ou entre a teoria e a prática.

Os objetivos deste ensaio são: definir mais claramente em relação a quê Hoggart e seus sucessores pensavam que os Estudos Culturais eram uma alternativa; descrever o que eles percebiam como seus antecedentes históricos, como eles definiram (e continuam a definir) seus propósitos e o que lhes parecia serem os obstáculos teóricos ou práticos no caminho da plena realização de seus objetivos; e determinar quais foram as contribuições dos Estudos Culturais de Birmingham ao estudo da cultura e da comunicação no século XX.

As premissas deste ensaio são: (1) projetos inovativos autoconscientes como os Estudos Culturais têm como proposta tratar de uma suposta deficiência na ordem existente; (2) seus proponentes, em maior ou menor grau, sentem a necessidade de — explícita ou implicitamente — justificar sua nova abordagem; e (3) embora possam não revelá-lo espontaneamente, as pessoas que fazem parte de qualquer grupo ou organização estão mais agudamente conscientes da existência de fissuras naquilo que pode aparecer a pessoas de fora como um tecido razoavelmente consensual e homogêneo.

Para evitar que se levantem alegações de "falácia biográfica", devo ainda afirmar que, à semelhança dos teóricos do Centro de Birmingham, a autora deste ensaio pressupõe uma conexão orgânica entre a "experiência vivida ou pessoal" e as posições mais gerais e teóricas que as pessoas adotam como parte de sua crença acadêmica ou profissional. Esta premissa é particularmente relevante para os Estudos Culturais como um movimento que, mesmo em seus primeiros estágios, adotou a análise da cultura operária na Grã-Bretanha como uma prioridade, uma vez que várias figuras centrais dos Estudos Culturais têm escrito de forma comovedora sobre as privações e os desconfortos pessoais que eles e membros de suas famílias experimentaram nos anos em que se criaram em localidades operárias.[3]

Hoggart, tal como Raymond Williams, outro professor de Língua Inglesa e crítico literário que assumiu um papel central na fundação do CCCS, tinha um conhecimento de primeira mão da experiência de transição entre a classe operária e os círculos universitários, em um país no qual um sistema agudamente dividido entre educação pública e educação particular — devotadas, respectivamente, a objetivos acadêmicos e a objetivos profissionalizantes — bifurcava a população de acordo com a classe social. Em uma época em que a maioria das crianças, na

---

[3] Neste contexto, veja, especialmente, Hoggart, 1967.

Inglaterra, deixava a escola em torno dos 15 anos, tanto Hoggart quanto Williams, vindo de meios em desvantagem, puderam continuar seus estudos até à universidade — Hoggart foi para a Universidade de Leeds e Williams para a Universidade de Cambridge. Mais tarde, nos anos 40, ambos foram professores de educação de adultos e deram aulas fora dos esquemas escolares normais — Hoggart na Universidade de Hull e na Associação Educacional de Trabalhadores e Williams em East Sussex. De acordo com Laing (1991, p.145), Williams acreditava plenamente que as origens reais dos Estudos Culturais britânicos estavam nessas experiências docentes em salas de aula não tradicionais.

Na época em que Hoggart e Williams estavam passando pelo sistema universitário (os anos 30 e 40), as influências de F. R. Leavis e T. S. Eliot — críticos que viam, como afirmou Leavis, a "cultura e a democracia como inevitavelmente opostas" (citado em Hall, 1984a, p. 22) — estavam começando a ser sentidas. Em *Cultura e sociedade* (1958), Raymond Williams descreve o elitismo de Eliot, constata sua influência generalizada e lamenta que haja uma coincidência entre a situação existente e as prescrições pouco democráticas daquele crítico:

> Eliot defende a necessidade de elites ou, melhor, de uma elite, e argumenta que, para assegurar a continuidade geral, nós devemos conservar as classes sociais e, em particular, a classe social governante, com a qual a elite em parte coincide e constantemente interage. Esta é a conclusão fundamentalmente conservadora de Eliot, pois está claro que, quando as abstrações são traduzidas por casos concretos, o que ele recomenda é substancialmente o que já existe socialmente. Ele é necessariamente levado, é claro, a condenar a pressão por uma sociedade sem classes e por um sistema educacional nacional [ambos defendidos pelo próprio Williams]. Ele acredita, na verdade, que estas pressões já distorceram a vida nacional e os valores que esta vida sustenta. É a respeito destas recomendações (...) que ele agora recebe considerável atenção e apoio. (1958, p. 241)

Williams também afirma que algumas ideias novas e elitistas, apresentadas em um panfleto escrito por F. R. Leavis, intitulado "*Mass civilization and minority culture*", se tornaram "amplamente influentes" na sociedade britânica. Estas ideias, observa Williams, são parte de uma antiga tradição na Grã-Bretanha, advindas das "propostas de Coleridge em favor de uma classe. ... cuja atividade deveria ser o cultivo geral (1958, p. 63); da proposta de Carlyle em favor de "uma Classe Literária orgânica", composta de "Heróis que fossem Professores e Escritores" (1958, p. 85); e da proposta de Arnold de que houvesse um grupo selecionado de "alienígenas", extraídos das diferentes classes, "modernos filistinos" relativamente à cultura genuína, definida como "o melhor do que foi pensado e dito no mundo" (1958, p. 115).[4] O argumento de Leavis representa a forma clássica do pensamento não igualitário, diametralmente oposto àquilo que se tornaria o projeto dos Estudos Culturais, com sua insistência em que todos os homens têm igual direito a serem seriamente considerados como consumidores de cultura. De acordo com Williams, Leavis argumentava que em qualquer período a apreciação discriminativa da arte e da literatura depende de uma minoria muito pequena: são apenas uns poucos que são capazes de um julgamento espontâneo, de primeira mão... a minoria capaz não apenas de apreciar Dante, Shakespeare, Donne, Baudelaire, Hardy (para tomar os casos principais), mas de reconhecer que seus sucessores recentes constituem a consciência da raça (ou de um ramo dela) em um determinado período. Dessa minoria depende nosso poder de tirar vantagem da mais refinada experiência humana do passado; ela mantém viva as partes mais sutis e mais perecíveis da tradição (1958, p. 253).

---

[4] Para uma discussão mais completa da tradição elitista na Grã-Bretanha, veja Miles e Smith, 1987, p. 81-101.

Em geral, Williams e Hoggart e a tradição dos Estudos Culturais dirigiram seus esforços iniciais para a tarefa de destronar a tradição representada por Eliot e Leavis e as noções aristocráticas que ela implicava, bem como para ampliar o estudo da Língua Inglesa, para incluir, além da análise das grandes obras primas literárias, uma Sociologia da Literatura. Como disse um antigo estudante do Centro, "os Estudos Culturais... definiram sua separação relativamente aos seus vínculos paternos através de seu populismo, consignando-se assim à marginalidade institucional" (SPARKS, 1977, p. 8).

De fato, ao menos de acordo com Hall,[5] uma franca oposição ao estabelecimento do Centro veio, inicialmente, da disciplina da Sociologia. Ele relembra que a fala inaugural de Hoggart "provocou um intenso ataque, especificamente da Sociologia", que "se reservava direitos de propriedade sobre o território" destinado para o projeto dos Estudos Culturais. Hall disse que "a abertura do Centro foi saudada com uma carta de dois cientistas sociais que emitiram uma espécie de advertência: se os Estudos Culturais ultrapassarem os limites apropriados e assumirem o estudo da sociedade contemporânea (e não apenas seus textos), sem controles científicos 'apropriados', provocarão represálias, por cruzar de forma ilegítima a fronteira territorial" (1984a, p. 21).

Imersa naquilo que Hall caracterizou como a "metodologia estrutural-funcionalista do modelo americano", a Sociologia britânica da época em que o Centro foi fundado tinha um forte viés empirista. Nem esta ciência social tão positivista nem os Estudos de Língua Inglesa tradicionais — com sua ênfase na análise isolada das grandes

---

[5] Sobre este ponto, as lembranças de Hoggart parecem colidir com as de Hall. Em uma entrevista recente, Hoggart disse: "os sociólogos foram, na verdade, bastante caridosos. Eles imediatamente disseram: 'é um material interessante e nós podemos aprender com ele'" (CORNER, 1991, p. 146).

obras de arte — eram compatíveis com os objetivos intelectuais do Centro. Estes objetivos envolviam investigar a cultura (amplamente definida) em seu contexto histórico; examinar novos métodos fenomenológicos ou etnometodológicos de pesquisa, baseados na noção weberiana de *verstehen*; e empregar uma abordagem interpretativa, hermenêutica, relativamente a questões de significado (1984a, p. 23).

Todos os relatos são unânimes em reconhecer que a pauta de Hoggart para o Centro surgiu, em parte, como uma resposta a dois textos "formativos" publicados no final dos anos 50 e início dos anos 60: o livro do próprio Hoggart, *The uses of literacy* (1957) e o livro de Williams, *Culture and society* (1958). Posteriormente, além desses dois livros, o livro de Williams, *The long revolution*, e o livro de Thompson, *The making of the english working class* (1964) foram, de acordo com todos os relatos, altamente influentes na determinação da direção das preocupações dos Estudos Culturais. Estes textos tinham em comum uma preocupação com a condição social e cultural da classe operária, com a redefinição de concepções elitistas e tradicionais de educação e com a definição de uma "cultura comum", suficientemente ampla para incluir a cultura popular ou a cultura mediada pelos meios de comunicação de massa.

Gradualmente, nas quase três décadas desde que os Estudos Culturais foram estabelecidos, seu foco foi mudando. No fim de sua primeira década, ele tinha se alinhado com o marxismo tal como este tinha sido redefinido e reinterpretado desde o início dos anos 60. A ênfase de Marx nas relações de classe era plenamente compatível com o foco do Centro na cultura popular, concebida como um reflexo da luta implícita da classe operária por sua autoexpressão.

O conteúdo dos meios de comunicação de massa parecia fornecer, já no início da história do Centro, a fonte daquela "cultura comum" que Raymond Williams procurou identificar em *From culture to revolution* (1968). Mais tarde, nos anos 70, à medida que, sob a direção de Stuart Hall, o foco do Centro se transformava, os textos da mídia eram vistos como exemplos de como a ideologia continha as ideias dos grupos dominantes da sociedade. Na década anterior, o conteúdo, a linguagem e as práticas subculturais dos meios de comunicação de massa tinham propiciado áreas nas quais o conceito de hegemonia de Gramsci podia ser examinado de forma concreta.

A releitura de Gramsci, no final dos anos 70, à luz dos estudos de gênero e de raça, foi extremamente importante para colocar em movimento a reavaliação que o Centro fez da cultura popular — vista até àquele momento como um mero veículo ideológico para impor os paradigmas dominantes da experiência, uma certa cultura e os pressupostos de classe que eram vantajosos para o *status quo*. À medida que, nos anos 80, o foco do Centro mudava, passando a ver a cultura popular como um local de resistência e conflito potencial, ele se concentrava em desenvolver uma "história da hegemonia" tal como ela se manifestava em expressões culturais como a música reggae e as revistas dirigidas às adolescentes, as quais forneciam "materiais brutos para milhares de leitoras adolescentes para que elas fizessem suas próprias re-apropriações de seu conteúdo". (Johnson, 1983, p. 23)

É difícil definir os Estudos Culturais de forma sucinta e, de acordo com Stuart Hall, esta dificuldade é intencional — isto é, os Estudos Culturais orgulham-se de não ter qualquer doutrina ou metodologia "aprovada pela casa". Eles são, em vez disso, autoconscientemente concebidos como sendo altamente contextuais — como um modo de análise variável, flexível, crítico. Talvez esta seja uma das razões pelas quais aquilo que Hall chamou de "natureza não-plenamente teorizada do trabalho de Gramsci" tenha-se prestado aos objetivos do projeto do Centro, tornando possível "apropriar-se mais facilmente de sua obra" (citado em NELSON e GROSSBERG, 1988, p. 70).

Os Estudos Culturais utilizam o trabalho de campo etnográfico, a entrevista, a análise de texto e de discurso e os métodos históricos tradicionais de pesquisa para investigar uma ampla variedade de questões relacionadas à comunicação como, por exemplo, as concepções de masculinidade do movimento dos escoteiros britânicos (1984a, p. 41).[6] Os Estudos Culturais começaram como um método de análise histórica e descritiva da consciência e da cultura de classe, tornando-se, sob a liderança de Stuart Hall, mais teoricamente sofisticados, abstratos e metodologicamente diversos no decorrer dos anos 70. Stuart Hall foi um dos primeiros a garantir que as abordagens estruturalistas e semióticas da cultura e da comunicação, importadas da França, tivessem circulação. Ao incorporar a etnografia, o Centro conservou sua preocupação com a "experiência vivida". Alguns membros (por exemplo, Johnson) se opunham a essa forma de pesquisa por considerá-la potencialmente subjetiva, a-teórica e perigosamente próxima do empirismo da sociologia britânica tradicional contra a qual o Centro tinha sido criado (JOHNSON, 1980). Entretanto, pesquisadores como Willis, Cohen e Hobson utilizaram-na produtivamente em estudos de práticas culturais e em pesquisas de recepção.

Por um certo tempo, no final dos anos 70, a incorporação, pelo Centro, das ideias de Althusser, Lacan, Saussure, Barthes e, mais tarde, Foucault, levou a uma forte

---

[6] Outros exemplos desta pesquisa incluem uma análise do romance de Bronte, *Shirley*, em termos da "ideologia do romance", feita por Rachel Harrison; um estudo da descentralização do planejamento, feito por Michael Green; uma história das políticas da Manpower Services Commission, da Grã-Bretanha, feita pelo Grupo de Educação; um estudo das comunas, por Colin Webster; um estudo do uso de drogas pelos hippies urbanos, por Paul Willis; e um estudo das fotografias utilizadas nos jornais, por Stuart Hall.

ênfase no micronível do texto e do discurso, em oposição à análise política e institucional e ao foco histórico, mais característicos de seu projeto nos anos 80, quando o Centro estava sob a direção de Richard Johnson. Durante este período (o mais esotérico na história do Centro), "a preocupação era com a forma pela qual estes sistemas de signos, tratados como textos, estruturam ou posicionam seus leitores ou 'sujeitos' (ideais e, mais raramente, reais)" (JOHNSON, 1980, p.8).

Assinalar a diversidade do CCCS não significa dizer que as pessoas de fora não o viam, ao menos às vezes, como uma perspectiva unificada, quase monolítica, que depende de um grupo de conceitos e termos altamente especializados que podem ser relativamente opacos para os usuários comuns da língua inglesa. É interessante observar que, como um projeto intelectual, os Estudos Culturais são, em geral, definidos em termos daquilo que negam ou daquilo com o qual rompem.

Stuart Hall identificou quatro componentes desta "ruptura" inicial com as abordagens tradicionais do estudo da comunicação. Em primeiro lugar, os Estudos Culturais assinalaram uma ruptura com "as ênfases behavioristas das abordagens anteriores de pesquisa", que viam a influência da mídia em termos de um mecanismo direto de estímulo-resposta. No Centro, a ênfase mudou, de forma marcada, para uma tendência a se ver a mídia como uma força social e política ampla, generalizada, cuja influência era indireta, sutil e até mesmo imperceptível (1984b, p. 117).

Em segundo lugar, os Estudos Culturais britânicos "questionavam as concepções que viam os textos da mídia como suportes 'transparentes' do significado". O Centro tem consistentemente chamado a atenção para o potencial estruturador que cada meio — incluindo a linguagem — possui. Enquanto McLuhan argumentava, em um sentido amplo e formalista, que "o meio é a mensagem", os Estudos Culturais britânicos examinavam, já no início dos anos 70, os sistemas de signo através dos quais os significados mediados pelos meios de comunicação de massa chegam ao público. Influenciado pelo estruturalismo europeu, o Centro publicou os trabalhos iniciais de Barthes e Eco em seus *Working papers in Cultural Studies*, incorporando, mais recentemente, parte da teoria do discurso de Foucault.

Os Estudos Culturais britânicos, no seu início, também "romperam com as concepções passivas e indiferenciadas de *público*", em favor de uma detalhada análise da variedade de modos pelos quais as mensagens são decodificadas por diferentes membros dos diferentes públicos, dependendo de quais são suas orientações sociais e políticas.

Em quarto lugar, o Centro rompeu com a concepção que via a cultura de massa como um fenômeno indiferenciado, para, inicialmente, adotar uma visão que concebe os meios de comunicação de massa como envolvidos na circulação e consolidação das "definições e representações ideológicas dominantes" (HALL, 1984b, p. 118). Como no caso de suas outras três inovações, os Estudos Culturais britânicos, através dos anos, mantiveram, de forma consistente, sua oposição à noção monolítica de cultura de massa contra a qual reagiram desde seu início.

Mas se a força de oposição dos Estudos Culturais britânicos adquiriu certos contornos amplos e discerníveis através de sua história, o escopo de seu projeto inicial mudou bastante, como será discutido de forma mais detalhada numa seção posterior. Uma das formulações mais claras e simples de suas preocupações iniciais está refletida na série de questões que Hoggart fez em sua fala inaugural, em conexão com seu apelo em favor do estabelecimento de uma "sociologia da literatura ou da cultura". Estas questões parecem notavelmente incontaminadas pela terminologia especializada e pelo ecletismo intelectual que permeiam atualmente o trabalho dos membros do Centro dos Estudos Culturais britânicos. As questões que Hoggart considerava essenciais ao projeto dos Estudos Culturais eram primariamente preocupações sociológicas, as quais levavam prontamente à análise empírica de dados demográficos:

a) Sobre escritores e artistas: De onde eles vêm? Como eles se tornam o que são? Quais são suas recompensas financeiras? b) Quais são os públicos para as diferentes formas e quais são os públicos para diferentes níveis de abordagem? Que expectativas eles têm e que conhecimento prévio eles trazem?... c) Que se pode dizer dos formadores de opinião e seus canais de influência?... os guardiões, a elite, o clero...? De onde eles vêm? d) O que se pode dizer da organização para a produção e distribuição da palavra escrita e falada? Quais são suas naturezas, seja financeira ou outra? É verdade — e se for, o que significa praticamente (seja lá o que possa significar em termos imaginativos) — dizer que a palavra escrita (e talvez todas as artes) está se tornando progressivamente mercadoria, a ser usada e rapidamente descartada?... e) Finalmente, quão pouco sabemos sobre todos os tipos de inter-relações: as inter-relações entre os escritores e seus públicos; inter-relações entre escritores e órgãos de opinião; inter-relações entre escritores, políticos, poder, classe e dinheiro; inter-relações entre as artes populares e as artes sofisticadas — inter-relações que são tanto funcionais quanto imaginativas; e quão poucas comparações internacionais temos feito (HOGGART, 1970b, p. 256-257).

Foi nesta última questão, a das inter-relações, que os Estudos Culturais acabaram por se concentrar mais diretamente no contexto da investigação das interações de classe na formação da ideologia. Seus focos originais, tais como enumerados por Hoggart, sofreram alguma mudança, deixando de lado a demografia dos públicos e dos criadores e as descrições das organizações através das quais eles se inter-relacionam. Como será discutido mais adiante, o projeto dos Estudos Culturais assumiu uma forma neomarxista, focalizando-se não apenas na consciência de classe, mas também na raça e no gêner, como problemáticas centrais situadas fora de um quadro de referência puramente sociológico.

Contexto histórico: a Nova Esquerda

Uma questão que sempre surge quando se olha para as origens dos novos movimentos é: quais fatores precipitaram sua evolução em um dado mmento histórico? Já mencionamos um dos fatores que precipitaram o movimento dos Estudos Culturais: a publicação de textos seminais por Thompson, Williams e Hoggart nos anos 50 e 60. Entretanto, quase sempre existem mais coisas por detrás da inauguração de um movimento político e intelectual do que simplesmente um conjunto de textos. De fato, é possível argumentar que os estudos que foram tão influentes para o Centro foram, eles próprios, o produto de um dado *milieu* histórico — um *milieu* que estava fortemente associado com o desenvolvimento da Nova Esquerda na Inglaterra nos anos 50.

A Nova Esquerda foi um movimento político fortemente socialista, anti-imperialista e antirracista, favorável à nacionalização das principais indústrias e da abolição do privilégio econômico e social. Ela também estava por detrás dos esforços em favor do desarmamento nuclear e do enriquecimento da vida social e cultural das classes operárias.

Como observou Perry Anderson, duas coisas inibiram a luta pelo socialismo no início dos anos 50: a riqueza e a guerra fria. "O capitalismo keynesiano", de acordo com Anderson, tinha virtualmente "eliminado o desemprego de massa e permitido um crescimento estável do padrão de vida material das classes trabalhadoras", diminuindo, assim, a necessidade de mudanças econômicas radicais sob o ímpeto do socialismo (ANDERSON, 1965, p. 4).

Como observou Raymond Williams, em *The long revolution*, nesta altura da história britânica (isto é, os anos 50), a "pobreza individual" estava mais ou menos abolida, mas não a "pobreza social" ou a "pobreza cultural" (1961, p. 352). Além disso, "a Guerra Fria tinha permitido que os regimes capitalistas em toda parte estabelecessem uma identificação negativa do socialismo com a ordem política da União Soviética sob o comando de Stalin" (Anderson, 1965, p. 4). E, de acordo com Williams, as vitórias do Partido Conservador em 1951, 1955, e 1959 foram em geral interpretadas como prova da asserção de que "a riqueza relativa da classe operária no pós-guerra tinha levado a um enfraquecimento do Partido Trabalhista" (1965, p. 19). Em 1964, o mesmo ano em que o Centro foi fundado, o Partido Trabalhista — em meio a ferozes debates internos sobre a nacionalização da indústria britânica — voltara ao poder.

Entretanto, dividido pelas questões da nacionalização bem como pela questão do possível rearmamento da Alemanha, o Partido Trabalhista oferecia um clima organizacional desfavorável para o ponto de vista socialista radical. Tudo isto mudou, de acordo com Williams e Anderson, com o surgimento da Campanha para o Desarmamento Nuclear (CDN). A CDN foi um movimento de protesto que rejuvenesceu a política britânica e "marcou a revolta de uma grande parte da juventude da classe operária e da classe média baixa contra a sociedade inteira da qual a bomba de hidrogênio tinha se tornado um símbolo" (ANDERSON, 1965, p. 10). Para os jovens, de acordo com Anderson, "as armas termonucleares serviam não apenas como uma 'ameaça específica ao futuro'", mas como "símbolos da verdade geral do presente, isto é, da falta total de controle sobre as forças que governavam suas vidas" (1965, p. 10). A Nova Esquerda tornara-se, na esteira da campanha para o desarmamento, um movimento viável e convincente.

O ativismo gerado pela CND era algo incomum na Grã-Bretanha, na qual, como lamentosamente afirmou Williams, as classes operárias estavam em geral "mais interessadas em construir suas próprias instituições cooperativas e fraternas do que em tomar o poder político de forma global". Williams assinala para um problema que tinha implicações para o projeto neomarxista do Centro de Birmingham:

> Uma vez mais, parecia que, para os marxistas, o movimento operário britânico era, neste sentido, sem esperança: que a opção pela qual se pressionava era sempre pela manutenção de suas próprias instituições e não pela transformação da sociedade como um todo. (1965, p. 12)

De acordo com Perry Anderson, a Nova Esquerda representou o auge de uma crítica do capitalismo "que ia desde Blake e os românticos, passando por Ruskin e Morris, até Lawrence" — uma crítica que, pela primeira vez, entretanto, manifestava-se em um movimento político real (1965, p. 15). Williams, em *The long revolution*, levantava um ponto que é representativo do ponto de vista da Nova Esquerda bem como do projeto dos Estudos Culturais em geral: "A versão de sociedade do capitalismo só pode ser o mercado, pois seu objetivo é o lucro e não qualquer concepção de uso social" (1961, p. 300). Isto leva, poder-se-ia argumentar, a alguns de seus piores pecados: o imperialismo e o racismo.

Começando estritamente como um grupo de intelectuais, a Nova Esquerda assumiu ao menos algumas das marcas de um movimento operário à medida que ela alcançava seu pico no período entre 1957 e 1960. A revista *New Left Review*, cujo primeiro editor foi Stuart Hall (bem antes de ter se tornado diretor do Centro de Birmingham), assumiu um importante papel, argumentando em favor de uma análise crítica da cultura operária e publicando os trabalhos de Raymond Williams e E. P. Thompson, entre outros.

Mas a Nova Esquerda, como movimento político distinto e de grande escala, desintegrou-se em 1961, fracassando na tarefa de apresentar uma postura política coerente. Como disse Perry Anderson, "a não emergência de um movimento revolucionário poderoso da classe operária... privou a esquerda de qualquer fonte de conceitos e categorias com os quais ela poderia analisar sua própria sociedade e, portanto, de alcançar a pré-condição fundamental para mudá-la" (citado em GREEN, 1974, p. 37). Entretanto, antes que sua principal força se dissipasse, ela foi capaz de exercer uma certa influência sobre a política do governo britânico relativamente à comunicação de massa, através de sua crítica ao Relatório Pilkington, que era devotado à revisão da situação do rádio e da televisão na Grã-Bretanha (*Suplemento de Televisão*, 1961, p. 30). A *New Left Review* argumentava em favor de um sistema de comunicação mais expressivo da cultura de massas e menos preocupado com distinções elitistas tradicionais entre baixa e alta cultura. Como afirmava a revista, "todas as formas de expressão têm sua própria validade e todas são merecedoras de uma séria apreciação".

A *New Left Review* estava particularmente preocupada com a asserção (que, supostamente, tinha sido tornada pública pelo departamento oficial responsável pela transmissão televisiva) de que a arte popular era um simples escapismo. Contra a predileção da BBC por dar ao público "algo um pouco melhor do que aquilo que ele quer", a revista argumentava em favor da inclusão de programas sobre esporte, comédia, jazz, música popular e jogos.

Finalmente, outra influência formativa sobre o desenvolvimento dos Estudos Culturais britânicos foi o fato de que havia, na época da fundação do Centro nos anos 60, uma proliferação de novas perspectivas de teoria marxista na Inglaterra, ocasionada pela descoberta de textos marxistas importantes tais como os *Cadernos do cárcere*, de Gramsci, o *Em favor de Marx* e *Lendo o capital*, de Althusser, bem como trechos selecionados dos *Grundisse*, de Marx. De acordo com Williams, que tinha passado de uma oposição ao marxismo em *Culture and society* (1958) a um marxismo explícito na metade dos anos 70, quando o livro *Marxismo e literatura* foi escrito, esta literatura, que agora se tornava disponível, propiciava uma visão renovada do marxismo — um marxismo constituído de "questões alternativas, abertas" (1977, p. 4). E Stuart Hall chamou este movimento intelectual de "um mergulho em um marxismo complexo" (1984a, p. 25).

Colocando os Estudos Culturais no mapa intelectual

Desde seu início, o Centro tratou a comunicação, em seu sentido mais amplo, como um "sistema de relações sociais — culturalmente mediadas — entre as classes" (JOHNSON, 1983, p. 7). Grande parte de seus esforços até o momento tinham se focalizado na experiência britânica — criticando sua história (na qual a cultura era descrita de forma monolítica, de acordo com os termos da elite) e pesquisando (em geral através de uma combinação de análise textual, observação participante e análise de recepção) suas formas contemporâneas. Os primeiros estudos etnográficos de instâncias especificamente britânicas de comunicação incluíam o estudo de Phil Cohen sobre as culturais juvenis de uma comunidade operária; o estudo de Roger Grimshaw sobre o "significado social do escotismo", que relacionava concepções de masculinidade a uma predileção pelo conservadorismo na vida política e social; e a análise de Dorothy Hobson sobre o papel que o rádio e a televisão exercem nas vidas das donas de casa britânicas. Outros trabalhos empíricos que apareciam em uma lista de "ensaios mimeografados ocasionais" [*stencilled occasional papers*], de 1984-85, distribuída pelo Centro, incluíam um estudo da "cobertura de esporte pela televisão", por Ray Peters; um estudo dos "hippies", por Janice Winship; um estudo de como os jovens de classe operária obtinham empregos de classe operária, por Paul Willis; e um estudo do reggae por Dick Hebdige (CCCS, 1985, p. 27-9). Estes trabalhos concretos, empíricos, contribuíram para contrabalançar a inclinação à conceptualização esotérica de que os Estudos Culturais eram às vezes acusados, mas seu escopo relativamente limitado leva a um outro tipo de crítica. Como afirmou uma vez Richard Johnson, "havia (e há) problemas profundos com o etnocentrismo e o anglocentrismo dos textos e dos temas fundamentais em nossa tradição" (1983, p. 5).

O Centro tem sido afligido, ao longo de sua história, por sérios problemas financeiros, situação que se prolonga até hoje. De acordo com Stuart Hall, um modesto "fundo educacional" concedido "incondicionalmente", por Sir Allen Lane e pela Penguin Books, permitiu que o Centro tivesse alguma independência financeira (1984a, p. 16) e que publicasse, de uma forma mais ou menos regular, os *Working papers in Cultural Studies* (WPCS), uma série cujo título (de acordo com Hall) tinha sido pensado para refletir "o caráter de experimentação do empreendimento". Em sua introdução ao primeiro volume do WPCS, Hall afirmava que "os Estudos Culturais são ainda demasiadamente diversificados e mal definidos" (1971, p. 5). De forma diferente de muitos outros movimentos — sociais, políticos e intelectuais — Hall sempre insistiu na falta de unidade essencial do projeto intelectual em que ele estava envolvido. Em um ensaio de 1980, "Estudos Culturais: dois paradigmas", ele identificou duas variantes distintivamente diferentes dos Estudos Culturais: a "culturalista" e a "estruturalista". Mais recentemente, Hall (agora membro do Departamento de Sociologia da Open University) observou em uma entrevista:

> Qualquer tentativa de codificação — incluindo as tentativas de codificação das coisas nas quais estive envolvido — me dá arrepios. As pessoas falam sobre a "escola de Birmingham" mas nunca tivemos uma escola única; pode ter havido quatro ou cinco delas mas nós nunca fomos capazes de unificá-las, nem tampouco queríamos criar qualquer tipo de ortodoxia. (1986, p. 59)

Objetivando "colocar os Estudos Culturais no mapa intelectual", os *Working Papers in Cultural Studies* tiveram início em 1971, aproximadamente na mesma época da série dos "ensaios mimeografados ocasionais", apresentando ensaios curtos e inéditos sobre uma variedade de tópicos, publicados de forma irregular.

Cronicamente mal em termos financeiros, o Centro tem sido sustentado, ao menos em parte, pela renda de suas publicações (que incluem uma série de livros publicados por Hutchinson) e pela disponibilidade de parte de todos os grupos envolvidos em partilhar tarefas, incluindo o trabalho de secretaria. Como um centro pós-graduado de pesquisa, ele tem, tradicionalmente, apresentado um estilo inovador e cooperativo de trabalho, envolvendo projetos de pesquisa coletivos que são o produto de pequenos grupos de interesse. De acordo com Michael Green, os grupos de seis ou dez membros duravam, em geral, três ou quatro anos, durante os quais eles revisavam uma área de estudo, examinavam-na em profundidade e, finalmente, criticavam o trabalho que tinha sido feito anteriormente (1982, p. 85). Na maior parte de sua existência, o Centro teve apenas três professores em tempo integral (um diretor e dois docentes), cada um deles orientando seis ou sete estudantes de pós-graduação, embora tenha recentemente recebido a colaboração de dois professores adicionais em tempo integral, vindos do (agora extinto) Departamento de

Sociologia da Universidade de Birmingham, recebendo também uma carga consideravelmente grande de responsabilidades no ensino de graduação.

De acordo com Hall, durante os primeiros anos da existência do Centro como instituição de pós-graduação, a formação da maioria dos estudantes era em estudos literários. Mais tarde, metade dos estudantes de pós-graduação era formada em Ciências Sociais e em Humanidades. Embora o Centro, até recentemente, estivesse concentrado no Mestrado e no Doutorado, havia um número razoável de estudantes de graduação fazendo disciplinas em Estudos Culturais. Seu objetivo explícito, de acordo com o 16º Relatório Anual, era o de "concentrar-se em uma análise concreta, mas teoricamente inspirada, da cultura contemporânea", com "ênfase na Grã-Bretanha contemporânea". Seu propósito de "levar a sério as questões levantadas pela política feminista e pela política do movimento negro" refletia-se na lista de grupos de interesse e nos tópicos de teses e dissertações trabalhados pelos estudantes de mestrado e doutorado.[7]

Como observou Stuart Hall, as diferenças de ênfase acadêmica refletiam-se nos "ensaios ocasionais" bem como nos artigos publicados nos WPCS, cuja coletânea mais acessível pode ser encontrada no livro *Culture, media, language* (1984a), organizado por Hall *et al*. Como prova da gama de tópicos bem como da diversidade de metodologias utilizadas no Centro, o livro *Culture, media, language* divide os estudos em quatro tipos: etnografia, estudos de mídia, linguagem e Estudos Ingleses.

---

[7] Tem havido, no Centro, por exemplo, grupos de interesse sobre "raça e política" e sobre "mulheres e cultura" bem como um Grupo de Estudos Negros e um Fórum das Mulheres. Escreveram-se teses ou dissertações sobre as mulheres asiáticas na Grã-Bretanha; histórias do racismo na cultura europeia, a escrita feminina nos anos 30 e 40; raça e relações de raça; feminismo; cuidado das crianças e movimentos populares nos anos 1880-1930; e raça/classe/mulheres, entre outros tópicos.

Este mesmo conjunto de categorias revela, em um nível superficial, algo que é também verdadeiro a respeito dos Estudos Culturais em termos mais amplos: os Estudos Culturais buscam investigar de forma intensiva os significados da experiência humana, na medida em que eles se efetivam na linguagem e em outras práticas de significação, procurando também examinar de forma sistemática as práticas institucionais, a estrutura da sociedade britânica e os movimentos políticos contemporâneos. Centrando-se na hegemonia e na ideologia, tais como se manifestam nas práticas políticas e educacionais, nas subculturas e nos textos populares da mídia, os Estudos Culturais Britânicos têm aplicado os conceitos marxistas a praticamente qualquer coisa, desde o tratamento que a mídia dá à questão da violência até ao thatcherismo.

Como observei anteriormente, apesar do desejo de manter os Estudos Culturais fluidos, "ecléticos" e "relativamente abertos", eles tendem (ao menos da perspectiva de uma pessoa de fora) a assumir um molde monolítico — devido, em parte, à sua terminologia esotérica e, em parte, à inclinação geral dos acadêmicos a institucionalizar as inovações. Hall observou que "nos Estados Unidos, os Estudos Culturais são tratados como simplesmente mais um paradigma" (1986, p. 59) — uma característica que ele atribui, em parte, ao "inevitável" impacto de se fazer pesquisa de forma cooperativa.

A admissão tácita de Hall, de que a "codificação" realmente se insinua naquilo que ele vê como um "projeto crítico e desconstrutivo", é um sinal saudável de que, embora ele deplore "paradigmas teórico fechados", ele é capaz de reconhecer que os Estudos Culturais Britânicos têm algumas das marcas de um paradigma — um paradigma enraizado numa visão de mundo — fortemente marxista — razoavelmente coerente que pode tender a parecer determinista aos olhos estadunidenses. De fato, como se pode imaginar, os Estudos Culturais, em sua versão estadunidense, têm evitado as questões da estrutura social, da classe, da dominação e do poder e, em consequência de terem se afastado dessas preocupações protomarxistas, tendem a parecer como inócuos e indistintos perante sua contraparte britânica.

Por sua contínua receptividade a uma série de movimentos contemporâneos tais como a psicanálise, o estruturalismo, o feminismo, o marxismo althusseriano, o desconstrucionismo e a hermenêutica, os Estudos Culturais britânicos têm mostrado seu caráter aberto. Seu voraz apetite por novas correntes intelectuais, além de demonstrar sua "necessidade por continuar teorizando", faz com que pelo menos uma familiaridade rudimentar com os Estudos Culturais se torne obrigatória para qualquer pessoa que queira se manter atualizada com os novos desenvolvimentos teóricos na última metade do século XX. Entretanto, em vários momentos da história do Centro, os críticos têm argumentado que tanto seu "teoricismo" quanto sua excessiva concentração no caso britânico concreto têm sido problemáticos em sua análise da cultura e da comunicação.

Richard Johnson escreveu que "acima de tudo, temos que lutar contra as desconexões que ocorrem quando os Estudos Culturais são ocupados por propósitos demasiadamente acadêmicos ou quando o entusiasmo pela cultura popular está divorciado da análise do poder e das possibilidades sociais" (1983, p. 9). Reagindo à incorporação dos Estudos Culturais ao currículo universitário, Johnson observou que "as formas acadêmicas de conhecimento (ou alguns aspectos delas) parecem constituir, agora, parte do problema e não da solução. De fato, o problema continua o mesmo de sempre — como se pode tirar proveito das preocupações e habilidades acadêmicas para se obter elementos de conhecimento útil?". (1983, p. 6)

Quando estava na direção, Hall também partilhava da preocupação com o teoricismo, e uma vez afirmou que "estamos conscientes dos muitos pontos críticos nos quais caímos numa dependência imitativa ou quando permitimos que os debates teóricos obscurecessem o teste absolutamente necessário do trabalho e da exemplificação concretos" (1984a, p. 42-43). Em última análise, entretanto, a "historicização" das inclinações teóricas do Centro; seu envolvimento na política educacional, no currículo e nas questões pedagógicas; e seu envolvimento concreto na oposição ao thatcherismo e à Nova Direita têm servido como corretivos de uma tendência a raciocinar abstratamente — uma tendência amplamente manifestada durante os anos intermediários de sua história (os anos 70), quando o Centro estava sob a direção de Hall.

O Centro também viveu muitas das dificuldades organizacionais pelas quais passa a maioria dos empreendimentos educacionais tradicionais — dificuldades criadas por "hierarquias de conhecimento, de diferenças de idade, de experiência e formação intelectual, e diferenças genuínas nas orientações ou ênfases teóricas" (HALL, 1984a, p. 45). De forma mais importante, os Estudos Culturais de Birmingham tentaram enfrentar a difícil questão de qual deve ser o papel e a função do intelectual na sociedade britânica e, por extensão, em qualquer sociedade. Tanto Hall quanto Johnson, em diferentes épocas, têm observado que "um dos mais prementes problemas para o Centro tem sido o de encontrar e manter uma compreensão apropriada e disciplinada do lugar, das possibilidades, dos limites e das condições daquilo que Gramsci chamou de 'função intelectual' em nossa sociedade" (HALL, 1984a, p. 288). Ocorre muito frequentemente neste tipo de empreendimento que, tal como afirmou Hall, "ou a teoria é tudo (atribuindo aos intelectuais um papel de vanguarda que eles não merecem) ou a prática é tudo (levando os intelectuais a negar sua função em um esforço para se passarem como "algo que eles não são — guerrilhas urbanas)" (1984a,

p. 287-8). Para o Centro, sob a direção de Hall, a noção de "intelectual orgânico" de Gramsci — um intelectual que tenha um envolvimento visceral e não simplesmente profissional ou acadêmico com os problemas — constituía um modelo útil a ser emulado.

Contribuições para o estudo da comunicação e da cultura

Os Estudos Culturais de Birmingham, como vimos, estavam pensados para preencher um vazio intelectual (e político) numa sociedade altamente estratificada, cujo sistema de ensino superior estava construído de acordo com as linhas disciplinares tradicionais. Constitui uma medida de quanto os Estudos Culturais tiveram êxito em modificar o clima da educação superior na Grã-Bretanha o fato de que o vazio que motivou sua fundação não é mais tão flagrantemente visível. De fato, desde o início dos anos 60, os Estudos Culturais tornaram-se um movimento internacional, com revistas, conferências, associações profissionais, bem com cursos acadêmicos em muitas faculdades e universidades. Outros centros interdisciplinares foram fundados na Grã-Bretanha para analisar o conteúdo dos meios de comunicação de massa: The Centre for Television Research, da Universidade de Leicester; o programa da Open University sobre cultura popular; o agora extinto Glasgow Media Group, da Universidade de Glasgow; e o Media Studies Program, da Politécnica da Londres Central, para mencionar apenas alguns dos mais proeminentes. Os Estudos Culturais tiveram um importante impulso em países espalhados por todo o mundo, mais notavelmente na França, Estados Unidos, Canadá, Austrália e África do Sul, frequentemente através dos esforços de estudiosos que alguma vez ensinaram ou estudaram no Centro de Birmingham. Qualquer história estritamente institucional do CCCS teria que descrever o deslocamento intelectual de um grande número de antigos membros do Centro por todo o globo, mapeando, também, suas publicações em algumas das revistas mais importantes, tais como *Media, Culture and Society*; *Screen*; *New Formations*; *Social Text*; e *Cultural Studies*, que estão, de forma crescente, propiciando espaços para intercâmbios sobre diferentes perspectivas de Estudos Culturais.

Muitos estudiosos filiados ao Centro em uma posição ou outra, durante os anos iniciais de suas carreiras (como Angela McRobbie, David Morley, Dick Hebdige, ou Lawrence Grossberg), obtiveram, mais tarde, um importante reconhecimento, depois que seu trabalho acadêmico progrediu e eles saíram para assumir postos docentes em outras instituições. Um grupo dos livros do Centro publicado pela Hutchinson no final dos anos 70 e início dos anos 80, com trabalhos extraídos dos *Working papers in Cultural Studies* e da lista de ensaios mimeografados inéditos do Centro, teve um grande efeito na ampliação do público dos Estudos Culturais britânicos. Livros como *Resistance through rituals* (1976), *On ideology* (1978), *Women take issue* (1978), *Working class culture* (1979), *Unpopular education* (1981), *The empire strikes back* (1982), *Making histories* (1982), e *Culture, media and language* (1984), bem como o livro de Hebdige, *Subculture: the meaning of style* (1979) e o de Hall, *Policing the crisis* (1978), fizeram com que o trabalho empírico e as preocupações teóricas mais importantes dos coletivos e dos estudiosos individuais do Centro se tornassem mais amplamente conhecidos tanto na Grã-Bretanha quanto no exterior.

Poder-se-ia argumentar, agora, no início dos anos 90, que, ao menos em parte, a atenção se deslocou de Birmingham para os trabalhos de Estudos Culturais produzidos em outros lugares. Beneficiando-se enormemente da capacidade intelectual e do magnetismo pessoal de Stuart Hall, o Departamento de Sociologia da

Open University, fonte de um grande número de publicações e de uma grande atividade pedagógica, tornou-se um lugar particularmente visível de estudo da mídia e da cultura popular.

O CCCS esteve sob ameaça, durante um certo tempo, de ser absorvido pelo Departamento de Língua Inglesa da Universidade de Birmingham, tendo-se tornado, agora, um Departamento de Estudos Culturais, com substanciais encargos no ensino de graduação. Ainda está por ser determinado qual o impacto que isto terá em sua contribuição — em termos de pesquisa e publicação — para o campo dos Estudos Culturais, tendo em vista que esta tradicional instituição de pesquisa pós-graduada extraiu grande parte de sua vitalidade intelectual, no passado, de estreitos e animados intercâmbios entre professores e estudantes de pós-graduação e da publicação coletiva. Alguns críticos, como Graeme Turner, temem que esta mudança organizacional provavelmente "reduza sua produção e sua influência de forma considerável" (1990, p.80). No lado positivo, o Programa de Estudos Culturais ficou, ao menos, com uma equipe maior que o magro contingente de três pessoas em tempo integral, com o qual o Centro normalmente contou.

A roleta disciplinar efetuou um giro completo quando Jorge Larrain, membro do (agora extinto) Departamento de Sociologia da Universidade de Birmingham, assumiu a direção dos Estudos Culturais. Isto, em si mesmo, já demonstra o tipo de aproximação intelectual que fez surgir, internacionalmente, um corpo interdisciplinar de teoria com um foco crítico comum desde os anos em que os Estudos Culturais foram fundados. Larrain — que tem escrito sobre temas tão variados quanto concepções marxistas de ideologia, materialismo histórico, colonialismo e desenvolvimento econômico — exemplifica quão próxima dos Estudos Culturais de Birmingham se tornou a Sociologia nos anos desde que a inauguração do Centro reputadamente provocou a hostilidade dos professores das ciências sociais empiristas.

Na medida em que se modificaram no Centro e em outros lugares, os Estudos Culturais afastaram-se radicalmente do projeto original (não marxista) de Hoggart — algumas vezes acusado de simplesmente produzir uma "nostalgia" pela cultura operária dos anos 20 e 30 e de glorificá-la como uma espécie de "Idade de Ouro". De fato, tal como ocorre com a maioria dos projetos inovadores, houve, sem dúvida, um perigo, no início, de que os Estudos Culturais se tornassem principalmente um empreendimento reativo de contraposição à tradição simbolizada por Arnold/Eliot/Leavis de exaltar "o melhor que se pensou e se disse", substituindo-o com uma nova pedra de toque "talhada especificamente de acordo com a cultura operária" (Sparks, 1974, p. 10). O próprio Hoggart parece ter tido algum arrependimento por ter se "posicionado no lado literário" nos dias iniciais do Centro, observando, em uma entrevista relativamente recente com John Corner, que se fosse "refazer o Centro", ele "faria um apelo em favor do estudo das instituições como exemplos da forma como uma cultura perpetua a si própria e, ao mesmo tempo, muito frequentemente, subverte a si própria" (Corner, 1991, p. 147).

Mas a virada subsequente em direção ao marxismo, coincidindo, de forma aproximada, com a ida de Hoggart para a UNESCO e a chegada de Hall à direção do Centro no final dos anos 60, foi bem longe no processo de anular quaisquer tendências a sentimentalizar a cultura operária. É principalmente por causa de sua incorporação da teoria marxista clássica, progressivamente modificada nas duas últimas décadas pela apropriação e aplicação de conceitos-chave (como ideologia e hegemonia) a partir de pensadores como Althusser e Gramsci, que a contribuição do Centro para a análise cultural pode ter acabado por se tornar mais duradoura e abrangente do que até mesmo o mais otimista de seus fundadores poderia imaginar. Sem seu componente marxista, o legado dos Estudos Culturais de Birmingham podia muito bem ter se limitado simplesmente a estimular um maior interesse na análise da cultura popular (britânica) e na compreensão da política de representação. Embora o próprio Hoggart tenha dito (com a visão retrospectiva de quase três décadas após) que seu real papel nos Estudos Culturais tenha sido o de fazer "proselitismo", avaliações mais objetivas situam sua contribuição na introdução de uma metodologia brilhantemente inovadora: a aplicação dos "protocolos analíticos dos Estudos Literários a uma gama mais ampla de produtos culturais" (TURNER, 1990, p. 48).

Os fundamentos marxistas dos Estudos Culturais de Birmingham fazem com que eles se tornem, entre outras coisas, potencialmente generalizáveis para outras culturas — embora a questão de se saber se os Estudos Culturais Britânicos são de fato "exportáveis" para outros países tenha sido objeto de consideráveis debates acadêmicos, particularmente nos Estados Unidos, onde tentativas foram feitas por Carey (1983) e outros para neutralizar seu — por vezes virulento — anticapitalismo, retendo, ao mesmo tempo, seu vocabulário crítico geral.

Embora seja muito cedo para avaliar a direção que os Estudos Culturais de Birmingham irão tomar sob a direção de Larrain, especialmente considerando todas as mudanças organizacionais que ele e sua equipe tiveram de empreender, sua própria obra sobre desenvolvimento internacional (especialmente na América do Sul) permite-nos prever uma continuidade — e talvez uma ampliação — do foco internacional dos Estudos Culturais de Birmingham. Além disso, Larrain, pelo menos no passado, ficou conhecido por sua crença apaixonada de que o marxismo tem exercido um papel político viável no desdobramento da história contemporânea — nos movimentos de independência de Angola, Moçambique e Vietnã do Sul, e na "curta experiência democrática da Unidade Popular no Chile" — contra aqueles acadêmicos que argumentam que o marxismo sobrevive como uma teoria "totalmente divorciada da prática" (LARRAIN, 1984, p. 159). Com esta visão e com esta sólida base nos intrincados problemas do marxismo, Larrain está talvez idealmente apto a enfrentar aquilo que O'Connor chamou de dicotomia entre a predileção dos Estudos Culturais pela experiência vivida e sua inclinação à teoria (1981, p. 185).

O marxismo de Larrain parece incliná-lo em favor de uma visão tradicional de economia política, baseada numa perspectiva "de cima para baixo", de acordo com a qual a "função da ideologia é instrumental — para representar o 'real' de forma distorcida e para mascarar qualquer luta política" (TURNER, 1990, p. 197). Esta perspectiva coloca-se em oposição à perspectiva tradicionalmente adotada pelos Estudos Culturais, isto é, a concepção de que a própria "ideologia é um terreno de luta", com base numa perspectiva "de baixo para cima", que atribui poder aos sujeitos e aos grupos subculturais para intervir nos sistemas políticos e nos sistemas de significação para produzir mudanças" (TURNER, 1990, p. 215). A visão marxista clássica de Larrain, que concebe a ideologia como "falsa consciência" (embora ele lamente o termo) — (1991), pode ser vista pelos teóricos de Estudos Culturais (particularmente aqueles com inclinações pós-modernistas) como um passo atrás relativamente ao movimento que Hall chamou de distanciamento de um "marxismo monista".

Mas quaisquer que tenham sido as inclinações intelectuais exibidas pelos quatro diretores do Centro, o CCCS foi sempre um empreendimento crítico coletivo e democrático. Quando Johnson era diretor, ele escreveu: "não me vejo como o 'Diretor', trazendo ordens de Roma para uma parte rebelde do Império" (1983, p. 1); afirmação com a qual, sem dúvida, Hoggart, Hall e Larrain concordariam. Em um grau notável, a história do Centro mostrou ser aquilo que Dienst chama "uma narrativa de advertência: contra a profissionalização, contra o pluralismo oficial, contra o isolamento" (1990, p. 330).

Os *insights* que o trabalho do Centro proporcionou sobre a forma como a raça e o gênero são culturalmente definidos para colocar em desvantagem (ou "marginalizar") as mulheres e os grupos minoritários estão entre suas maiores contribuições. Angela McRobbie foi uma das primeiras pesquisadoras do Centro a advertir sobre a ausência das mulheres e de suas práticas culturais no trabalho de pesquisa do CCCS sobre subculturas (McRobbie, 1980; McRobbie e Garber, 1978). Ela chamou a atenção para o grande número de pressupostos patriarcais inerentes aos protocolos de pesquisa de Birmingham dos anos 70, observando que apenas 4 artigos nos 10 números dos *Working papers in Cultural Studies* tratavam das preocupações das mulheres. Essas etnografias e histórias masculinocêntricas, argumentava McRobbie e outras mulheres que trabalhavam no Centro, "reproduzem, de forma inconsciente, a atitude repressiva de sua subcultura relativamente às mulheres" (Turner, 1990, p. 179).

McRobbie, Charlotte Brundson, Dorothy Hobson, Janice Winship e outras pessoas formaram, em 1974, um Grupo de Estudos da Mulher, no Centro, para examinar os assim chamados gêneros femininos (notavelmente as telenovelas e as revistas de moda); para estudar, qualitativamente, como os públicos femininos respondiam ao conteúdo dos meios de comunicação de massa e quais necessidades sociais e pessoais eram atendidas; para resgatar do esquecimento a literatura feita por escritoras mulheres; para teorizar o papel do trabalho doméstico (não remunerado); e para examinar os papéis das mulheres, na família, relativamente ao consumo da mídia. A crítica que elas fizeram ao trabalho do Centro até aquele momento foi muito importante, com resultados de longo alcance. De acordo com elas, seus pressupostos patriarcais distorciam os resultados de qualquer tentativa de análise ou pesquisa cultural, contribuindo para relegar a metade feminina da raça humana a uma relativa obscuridade.

A maior parte do trabalho do Grupo de Estudos da Mulher, que tinha sido planejado para o décimo número dos WPCS, foi publicado no livro *Women take issue* (1978), um trabalho que teve grande efeito sobre os estudos feministas. Lidando, em grande parte, com mulheres da classe operária, os ensaios de Hobson e McRobbie incluíam extratos de materiais coletados através de observação participativa, na qual donas de casa falavam, de forma comovedora, de seu isolamento, e mulheres adolescentes revelavam suas (frequentemente) sombrias expectativas para o futuro. Em um nível mais teórico, a coletânea incluía uma análise da "ideologia da feminilidade" (feita por Winship), bem como uma pesquisa sobre como os papéis tradicionais das mulheres podiam ser incluídos em formulações marxistas dos processos de produção e reprodução.

As implicações da crítica feminista feita no Centro foram profundas. Ela contribuiu para tornar a pesquisa do Centro menos esotérica, em um período no qual grande parte dela tendia para um teoricismo. Sua força básica era completamente consistente com a ênfase prévia de Williams e Hoggart no uso da experiência pessoal para exemplificar os fenômenos gerais. Além disso, seus estudos de como a família e, em um grau menor, o sistema educacional, contribuíam para perpetuar o patriarcado serviram para ilustrar, de forma mais concreta, o argumento geral de Althusser de que os "aparelhos ideológicos de Estado" têm um importante impacto na forma como as pessoas pensam. Juntamente com a influência da psicanálise, tanto freudiana quanto lacaniana, e do pós-estruturalismo, a crítica feminista ajudou a centrar o interesse na forma como a identidade, a subjetividade e o gênero são construídos (FRANKLIN *et al.*, 1991, p. 176).

A preocupação feminista com a diversidade também combinava-se com o trabalho sobre racismo feito pelo Centro — uma área na qual, entretanto, há ainda muito trabalho a ser feito. No livro *Policing the crisis* (1978), Hall *et al.* mostravam como a mídia britânica associava o crime e outros problemas sociais às minorias raciais e étnicas. Eles também mostravam como as concepções de identidade nacional eram racialmente circunscritas. Mais tarde, o trabalho teórico adicional feito no livro *Empire strikes back* (1982) reafirmou a necessidade de analisar concretamente o racismo em seu contexto histórico particular, em vez de vê-lo como uma constante transcultural da experiência humana. No trabalho sobre racismo, bem como no trabalho sobre sexismo feito no Centro, "o pessoal era o político". Esta característica do trabalho do Centro é admiravelmente ilustrada pela forma como Stuart Hall (1985) escreveu, de forma especialmente comovedora, sobre suas próprias experiências de imigrante caribenho na sociedade inglesa.

Grande parte da pesquisa do Centro sobre racismo e sexismo levava à conclusão de que essas desigualdades eram próprias da estrutura do próprio capitalismo, funcionando para ajudar a manter no desemprego fontes baratas de trabalho, particularmente na Grã-Bretanha, onde a imigração dos países pertencentes ao antigo Império Britânico estava associada, na mente popular, com as minorias raciais (HALL *et al.*, 1978, p. 380-1). Ainda não resolvemos, entretanto, a questão de como incorporar a raça e o gênero às análises de classe do marxismo e qual peso relativo devemos atribuir a estes três diferentes — mas não mutuamente exclusivos — fatores. Não existe qualquer consenso neste momento — nem mesmo entre feministas brancas e mulheres negras, as quais estão inclinadas a discordar sobre a forma como a raça e o gênero se intersecionam para constituir formas de opressão. De fato, o legado dos estudos de raça e gênero consiste em complicar a equação ("reducionista") marxista de uma forma bastante fértil, para introduzir, nas palavras de Paul Gilroy, uma "visão da formação de classe como um efeito de lutas heterogêneas, baseadas, talvez, em diferentes fatores comuns — linguísticos, sexuais, regionais, ecológicos e *raciais*" (1982, p. 281).

Estas questões acabaram por se enredar (na "virada em direção a Gramsci" que o Centro tomou desde os anos 80) com questões de como os grupos subordinados tanto se submetem quanto resistem às visões da classe dominante. Hall e Johnson, entre outros, tiraram proveito da ênfase que Gramsci colocava na hegemonia como um *local de luta*. O conceito de hegemonia permitia um afastamento da visão althusseriana de que a ideologia é uma força implacável, movimentando-se *de cima para baixo*, para cristalizar assimetrias de posicionamento social, ao afirmar significados que agem para colocar em desvantagem os grupos subordinados. O conceito de hegemonia ajudou os estudiosos do Centro a sair do impasse que o marxismo estruturalista de Althusser havia criado, fazendo com que certas concepções de agência parecessem fúteis diante do que era teorizado como o posicionamento ideológico inevitável do indivíduo pelo aparato do Estado e suas agências, tais como a escola e a família. De acordo com a concepção de "hegemonia" de Gramsci, as práticas culturais e os textos dos meios de comunicação podem ser vistos como um campo de batalha, em uma luta entre os diferentes grupos para definir, manter e conter o significado. Isto tem três consequências altamente importantes para o projeto de Birmingham e para os Estudos Culturais Britânicos em geral: os resultados das lutas de poder entre os grupos são vistos como fluidos, contínuos, nunca pré-determinados; eles compreendem pequenas "revoluções" em torno de algo tão específico quanto a mudança da forma como os epítetos raciais são usados (HALL, 1985); e os efeitos da ideologia podem ser concretamente examinados tal como eles se manifestaram, por exemplo, nos "textos vivos" do thatcherismo e da "nova direita".

E são esses textos que, sem dúvida, continuarão ocupando a atenção dos estudiosos de Birmingham nos anos 90, uma década que é parte de um período — trazido pela vitória conservadora em 1979 — longo, sombrio, reacionário para a Grã-Bretanha. Sejam quais forem as dificuldades enfrentadas pelo Centro, pode-se argumentar que há menos risco de que sua força de oposição seja desperdiçada nesta era da "nova direita" do que o seria em uma época mais igualitária, popular, antielitista e democrática. As observações de Johnson sobre a missão do Centro, feitas há quase uma década, considerando-se o que pode ser chamado de "Contra-Reforma Conservadora na Grã-Bretanha", poderiam ser feitas igualmente hoje: "Os Estudos Culturais conquistaram espaços reais na Grã-Bretanha e eles têm que ser mantidos e ampliados... para lutar eficazmente nestes contextos, para reivindicar recursos, para clarificar nossas mentes na correria e na confusão do trabalho cotidiano e para decidir quais são as prioridades do ensino e da pesquisa" (1983, p. 7).

Referências

ANDERSON, Perry. The left in the fifties. *New Left Review*, 29, 1965, p. 3-18.

CAREY, James W. The origins of radical discourse on cultural studies in the United States. *Journal of Communication*, 33, 1983, p. 311-313.

CENTRE FOR CONTEMPORARY CULTURAL STUDIES. *On ideology*. Londres: Hutchinson, 1978.

CENTRE FOR CONTEMPORARY CULTURAL STUDIES. *Unpopular education: schooling and social democracy since 1944*. Londres: Hutchinson, 1981.

CENTRE FOR CONTEMPORARY CULTURAL STUDIES. *The empire strikes back: race and racism in 70s britain*. Londres: Hutchinson, 1982.

CENTRE FOR CONTEMPORARY CULTURAL STUDIES. *Annual report 1984/1985*. Inédito. University of Birmingham, 1985.

CLARKE, J. *et al.* (orgs.). *Working-class culture: studies in history and theory*. Nova York: St. Martin's Press, 1979.

CORNER, John. Studying culture: Reflections and assessments. An interview with Richard Hoggart. *Media, culture and society*, 13, 1991, p. 137-151.

DIENST, Richard. Cultural Studies — now and in the future. *Screen*, 31, 1990, p. 328-333.

FRANKLIN, Sarah *et al*. Feminism and cultural studies: Pasts, presents, futures. *Media, culture and society*, 13, 1991, p. 171-192.

GILROY, Paul. Steppin' out of babylon — race, class and autonomy. In: Centre for Contemporary Cultural Studies. *The empires strikes back*. Londres: Hutchinson, 1982, p. 276-314.

GREEN, Michael. Raymond Williams and cultural studies. *Working papers in Cultural Studies*, 6, 1974, p. 31-48.

GREEN, Michael. The Centre for Contemporary Cultural Studies. In: WIDDOWSON, Peter (org.). *Re-reading English*. Londres & Nova York: Methuen, p. 77-90.

HALL, Stuart. Introduction. *Working papers in Cultural Studies*, 1, 1971, p. 5-7.

HALL, Stuart. Cultural Studies: two paradigms. Media, culture and society, 2, 1980, p. 57-72.

HALL, Stuart. Cultural Studies and the Centre: some problematics. In: HALL, Stuart *et al*. (orgs.). *Culture, media, language*. Londres: Hutchinson, 1984a, p. 117-121.

HALL, Stuart. Introduction to media studies at the Centre. In: HALL, Stuart *et al*. (orgs.). *Culture, media, language*. Londres: Hutchinson, 1984b, p. 117-121.

HALL, Stuart. Signification, representation, ideology: Althusser and the post-structuralist debates. *Critical Studies in mass communication*, 2, 1985, p. 91-114.

HALL, Stuart. On postmodernism and articulation: an interview with Stuart Hall. *Journal of Communication Inquiry*, 10, 1986, p. 51-77.

HALL, Stuart e JEFFERSON, Tony (orgs.). *Resistance through rituals: youth subcultures in post-war britain*. Londres: Hutchinson, 1976.

HALL, Stuart et al. *Policing the crisis: mugging, the state, and law and order*. Nova York: Holmes & Meier, 1978.

HEBDIGE, Dick. *Subculture: the meaning of style*. Londres: Methuen, 1979.

HOGGART, Richard. *The uses of literacy*. Londres: Chatto & Windus, 1967. (Trabalho original publicado em 1958.)

HOGGART, Richard. *Speaking to each other: about society* (v.1). Londres: Chatto & Windus, 1970a.

HOGGART, Richard. *Schools of english and contemporary society. Speaking to each other* (v. 2). Londres: Chatto & Windus, 1970b.

JOHNSON, Richard. Cultural Studies and educational practice. *Screen Education*, 34, 1980, p. 5-16.

JOHNSON, Richard. *What is Cultural Studies anyway?* Stencilled Occasional Paper nº 74. Birmingham: Centre for Contemporary Cultural Studies, 1983.

LAING, Stuart. Raymond Williams and the cultural analysis of television. *Media, culture and society*, 13, 1991, p. 153-169.

LARRAIN, Jorge. Three different concepts of ideology in Marx. *Canadian journal of political and social theory*, 8, 1984, p. 151-161.

LARRAIN, Jorge. Stuart Hall and the marxist concept of ideology. *Theory, culture & society*, 8, 1991, p. 1-28.

McROBBIE, Angela. Settling accounts with subcultures:a feminist critique. *Screen Education*, 34, 1980, p. 37-49.

McROBBIE, Angela e GARBER, Jenny. Girls and subcultures: an exploration. In: HALL, Stuart e JEFFERSON, Tony (orgs.), *Resistance through rituals*. Londres: Hutchinson, 1976, p. 209-222.

MILES, Peter e SMITH, Malcolm. *Cinema, literature and society*. Londres: Croom Helm, 1987.

NELSON, Cary e GROSSBERG, Lawrence. *Marxism and the interpretation of culture*. Urbana and Chicago: University of Illinois Press, 1988.

O'CONNOR, Alan. Cultural Studies and common sense. *Canadian journal of political and social theory*, 5, 1981, p. 183-195.

O'CONNOR, Alan. Abuses of literacy. *Working papers in Cultural Studies*, 6, 1974, p. 7-23.

SPARKS, Colin. The evolution of cultural studies. *Screen Education*, 22, 1977, p. 16-30.

SUPLEMENTO DE TELEVISÃO. *New Left Review*, 7, 1961, p. 30-47.

THOMPSON, E. P. *The making of the english working class*. Nova York: Pantheon Books, 1964.

TURNER, Graeme. *British cultural studies: an introduction*. Boston: Unwin Hyman, 1990.

WILLIAMS, Raymond. *Culture and society*. Londres: Chatto & Windus, 1958.

WILLIAMS, Raymond. *The long revolution*. Londres: Chatto & Windus, 1961.

WILLIAMS, Raymond. The British left. *New Left Review*, 30, 1965, p. 18-26.

WILLIAMS, Raymond. *From culture to revolution*. Londres: Chatto & Windus, 1968.

WILLIAMS, Raymond. *Marxism and literature*. Oxford: Oxford University Press, 1977.

WOMEN'S STUDIES GROUP (orgs.). *Women take issue: aspects of women's subordination*. Londres: Hutchinson, 1978.

Estudos Culturais (britânicos): uma cronologia

∼

1957 - *Uses of literacy* (Richard Hoggart).

1958 - *Culture and society, 1780-1950* (Raymond Williams).

1961 - *The long revolution* (Raymond Williams)

1963 - *The making of the English working class* (E. P. Thompson).

1964 - *Fundação do Centre for Contemporary Cultural Studies,* como centro de pesquisa e ensino de pós--graduação, subordinado ao Departamento de Língua Inglesa da Universidade de Birmingham, Inglaterra.

1964-1969 - Richard Hoggart, diretor.

1970 - Emergência da teoria do cinema ligada à revista britânica *Screen*

1970-1979 - Stuart Hall, diretor.

1976 - *Resistance through rituals: youth subcultures in post--war Britain* (Stuart Hall e Tony Jefferson, org.).

1977 - *Learning to labour* (Paul Willis).

1978 - *Women take issue: aspects of women's subordination* (Women's Studies Group, Centre for Contemporary Cultural Studies).

1978 - *Orientalism* (Edward Said).

1979 - *Subculture. The meaning of style* (Dick Hebdige).

1979 - *Policing the crisis: mugging, the state and law and order* (S. Hall, C. Critcher, T. Jefferson, J. Clarke, B. Roberts).

1982 - *The empire strikes back* (Centre for Contemporary Cultural Studies).

1982-1987 - *Popular Culture* (curso da Open University, completado por 5.000 estudantes).

1980 - Richard Johnson assume a direção do CCCS.

1980 - *Culture, media, language* (Stuart Hall, Dorothy Hobson, Andrew Lowe, Paul Willis, orgs.).

1992 - *Cultural Studies* (Lawrence Grossberg, Nelson Cary, Paula Treichler, orgs.)

1996 - *Stuart Hall: critical dialogues in Cultural Studies* (D. Morley, K. H. Chen)

Estudos Culturais: uma bibliografia

Estudos Culturais (britânicos): bibliografia em português

BHABHA, Homi K. A questão do "Outro": diferença, discriminação e o discurso do colonialismo. In: HOLLANDA, Heloísa Buarque de (org.). *Pós-modernismo e política*. Rio: Rocco, 1991, p. 177-204.

BHABHA, Homi K. *O local da cultura*. Belo Horizonte: Editora da Universidade Federal de Minas Gerais, 1999.

CENTRE FOR CONTEMPORARY CULTURAL STUDIES. *Da ideologia*. Rio: Zahar, 1980.

HALL, Stuart. Identidade cultural e diáspora. *Revista do Patrimônio Histórico e Artístico Nacional*, nº 24, 1996, p. 68-76.

HALL, Stuart. *Identidades culturais na pós-modernidade*. Rio: DP&A, 1997.

HOGGART, Richard. *As utilizações da cultura*. Lisboa: Presença, 1973. v.2 (Tradução de The uses of literacy).

McROBBIE, Angela. Pós-marxismo e Estudos Culturais. In: SILVA, Tomaz Tadeu da (org.). *Alienígenas na sala de aula*. Rio: Vozes, 1995, p. 39-60.

NELSON, Cary *et al*. Estudos Culturais: uma introdução. In: SILVA, Tomaz Tadeu da (org.). *Alienígenas na sala de aula*. Rio: Vozes, 1995, p. 7-38.

RUTHEFORD, Jonathan. O terceiro espaço: uma entrevista com Homi Bhabha. *Revista do Patrimônio Histórico e Artístico Nacional*, nº 24, 1996, p. 35-41.

SAID, Edward W. *Orientalismo. O oriente como invenção do ocidente*. São Paulo: Cia. das Letras, 1990.

STRINATI, Dominic. *Cultura popular. Uma introdução*. São Paulo: Hedra, 1999.

THOMPSON, E. P. *A formação da classe operária inglesa*. Rio: Paz e Terra, 1988.

WILLIAMS, Raymond. *Cultura e sociedade*, 1780-1950. São Paulo: Nacional, 1969.

WILLIAMS, R. *Marxismo e literatura*. Rio: Zahar, 1979.

WILLIAMS, R. *Cultura*. Rio: Paz e Terra, 1992.

WILLIS, Paul. *Aprendendo a ser trabalhador*. Porto Alegre: Artes Médicas, 1991.

Estudos Culturais (britânicos): bibliografia básica em inglês

AGGER, B. *Cultural Studies as critical theory*. Londres: Falmer Press, 1992.

ASHCROFT, B. *et al*. (orgs.). *The post-colonial studies reader*. Londres: Routledge, 1995.

BAKER, JR., H. A. *et al*. (orgs.). *Black british Cultural Studies: a reader*. Chicago: University of Chicago Press, 1996.

DURING, S. (org.). *The Cultural Studies reader*. Londres: Routledge, 1993.

GAY, P. de *et al*. (orgs.). *The Cultural Studies reader*. Londres: Routledge, 1993.

GRAY, A. e McGUIGAN, J. (orgs.). *Studying culture. An introductory reader*. Londres: Edward Arnold, 1993.

GROSSBERG, L. *et al*. (org.). *Cultural Studies*. Nova York: Routledge, 1992.

MORLEY, D. e CHEN, K. H. (org.). *Stuart Hall: critical dialogues in Cultural Studies*. Londres: Routledge, 1996.

STOREY, J. (org.). *What is Cultural Studies?* Londres: Arnold, 1996.

TURNER, G. *British Cultural Studies*. Londres: Unwin Hyman, 1990.

Estudos Culturais:
sites selecionados na Internet

Biblioteca Virtual de Estudos Culturais do Programa Avançado de Cultura Contemporânea da UFRJ: http://master.prossiga.br/pacc/estudos_culturais/index.html

Black Cultural Studies Site: http://www.tiac.net/users/thaslett/

Border crossings: http://bailiwick.lib.uiowa.edu/border-crossings/

Contrabando — Crítica cultural e educacional nas regiões de fronteira: http:/www.contrabando.com

Cultural and critical theory: http://www.ksu.edu/english/theory

Cultural Studies Central: http://www.cultura lstudies.net/index.html

Cultural Studies links: http://www.finearts.yorku. ca/rwickens/CSsites.html

Department of Cultural Studies and Sociology, Universidade de Birmingham: http://www.bham.ac. uk/CulturalStudies/

Estudos Culturais — uma cronologia: http://www. engl.uic.edu/~csc/CHRONICLES/CSChron.htm

Sarah Zupko's Cultural Studies Center: http://www.popcultures.com/

The voice of the shuttle — Cultural Studies page: http://humanitas.ucsb.edu/shuttle/cultural.html

As autoras, os autores

Ana Carolina Escosteguy é professora da Faculdade dos Meios de Comunicação Social da Pontifícia Universidade Católica do Rio Grande do Sul.

Norma Schulman é professora da George Mason University, Fairfax, Virgínia, Estados Unidos da América.

Richard Johnson é professor da Faculty of Humanities, Nottingham Trent University, Inglaterra. Foi diretor do *Centre for Contemporary Cultural Studies,* da Universidade de Birmingham. *Schooling sexualities* (em coautoria com Debbie Epstein, Open University Press) é uma de suas mais recentes publicações.

Tomaz Tadeu da Silva é autor de vários livros na área de Educação e de Estudos Culturais, o mais recente dos quais é *Documentos de identidade. Uma introdução às teorias do currículo* (Autêntica Editora).

A artista

A capa está baseada em duas esculturas que fizeram parte da exposição da artista gaúcha Gloria Corbetta intitulada *Grandes figuras*. Gloria Corbetta nasceu e vive em Porto Alegre, Rio Grande do Sul. Suas esculturas de bronze, alumínio, resina e aço inox, além de seus trabalhos de arte aplicada e design (objetos de casa, objetos de escritório e joias), são expostos no show-room que a artista mantém em Porto Alegre desde 1990.

"Quando um artista vai realizar uma nova exposição ele não tem consciência daquilo que ele quer mostrar, expor. O ato criativo é totalmente instintivo e é isso que o torna tão fantástico e faz tanto bem ao artista. Pode não agradar outras pessoas, mas como traz benefício para quem o criou. Serve como uma autoanálise, é o ato de "por para fora", é sempre autobiográfico e reflete o momento que aquele artista está vivendo.

Nesta nova mostra eu reflito sobre os bens materiais e os espirituais. Faço uso das roupas como uma metáfora: as roupas retratando a personalidade, o lado interior de quem veste; porém, neste nosso viver, infelizmente, elas são mais perenes que a nossa essência. Somos tão mais importantes que estas simples roupas que carregam nossas marcas, nossas vivências. Parecem elas, no entanto, durar mais; elas ficam, permanecem às vezes por duas ou três gerações, enquanto nossa energia já partiu...

Fico contente de visualizar isto traçando um tributo à vida e não negando a forte carga emocional que conseguimos impregnar em nossos objetos pessoais. São as lembranças que emanam de cada um e elas nos remetem a cenas vividas, sendo isto o que fica de nós e que um dia, certamente, também se extinguirá. Como é importante reservarmos mais tempo para o nosso espírito, nossa essência, esta, sim, permanecerá para sempre."

(Gloria Corbetta, no catálogo de sua exposição, *Grandes figuras*)

Este livro foi composto com tipografia Minion Pro e impresso
em papel Pólen Soft 80 g/m² na Gráfica XXXXXXXXXX.